Guia de conversação do japonês

Tessa Carroll
Harumi Currie

wmf martinsfontes
SÃO PAULO 2017

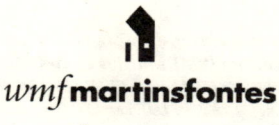

Esta obra foi publicada originalmente em inglês com o título
CHAMBERS JAPANESE PHRASEBOOK
por Chambers Harrap Publishers Limited
Copyright © Chambers Harrap Publishers Limited 2006
Copyright © 2013, Editora WMF Martins Fontes Ltda.,
São Paulo, para a presente edição.

1ª edição 2013
2ª tiragem 2017

Tradução *Eurides Avance de Souza*
Revisão da tradução *Shirlei Lica Ichisato Hashimoto*
Acompanhamento editorial *Luzia Aparecida dos Santos*
Preparação do original *Luzia Aparecida dos Santos*
Revisões gráficas *Marisa Rosa Teixeira, Maria Regina Ribeiro Machado*
Edição de arte e capa *Katia Harumi Terasaka*
Produção gráfica *Geraldo Alves*
Paginação *Moacir Katsumi Matsusaki*

Dados Internacionais de Catalogação na Publicação (CIP)
(Câmara Brasileira do Livro, SP, Brasil)

Carroll, Tessa
 Guia de conversação do japonês / Tessa Carroll, Harumi Currie ; [tradução Eurides Avance de Souza]. – São Paulo : Editora WMF Martins Fontes, 2013. (Guias de conversação)

 Título original: Chambers Japanese Phrasebook
 ISBN 978-85-7827-720-8

 1. Japonês – Vocabulários e manuais de conversação – Português I. Currie, Harumi. II. Título. IV. Série.

13-07329	CDD-495.6

Índices para catálogo sistemático:
1. Guias de conversação japonês-português : Linguística   495.6

Todos os direitos desta edição reservados à
Editora WMF Martins Fontes Ltda.
Rua Prof. Laerte Ramos de Carvalho, 133 01325.030 São Paulo SP Brasil
Tel. (11) 3293.8150 Fax (11) 3101.1042
e-mail: info@wmfmartinsfontes.com.br http://www.wmfmartinsfontes.com.br

ÍNDICE

Introdução	4
Pronúncia	5
Conversa do dia a dia	9
Conhecendo pessoas	17
Viajando	26
Hospedagem	40
Comendo e bebendo	49
Comida e bebida	58
Passeando	74
Atrações turísticas	82
Esportes e jogos	88
Compras	95
Fotografias	105
Bancos	108
Agências de correio	111
Cybercafés e e-mail	114
Telefone	117
Saúde	122
Problemas e emergências	130
Hora e data	135
Números	145
Dicionário português-japonês	149
Gramática	181
Feriados e festas	194
Endereços úteis	197

INTRODUÇÃO

Este novíssimo guia de conversação português-japonês é ideal para aqueles que desejam testar suas habilidades na língua estrangeira durante uma viagem ao exterior. As informações são apresentadas de forma prática e clara, com o intuito de ajudar a superar as barreiras da língua e promover a interação com as pessoas do local.

Cada uma das seções traz uma lista de palavras úteis e uma seleção de frases comuns. Você lerá ou ouvirá algumas delas, ao passo que outras irão ajudá-lo a se expressar. O sistema simplificado de transcrição fonética, especialmente adaptado para falantes do português, visa assegurar que você se faça entender.

O guia inclui, ainda, um minidicionário bilíngue com cerca de 2.200 palavras, de forma que os usuários mais aventureiros poderão, com base nas estruturas fundamentais, partir para conversas mais complexas.

São fornecidas também informações concisas sobre a cultura e os costumes locais, juntamente com dicas práticas para economizar tempo. Afinal de contas, você está de férias, ou seja, momento de relaxar e aproveitar! Há, ainda, um glossário de comidas e bebidas para ajudá-lo a decifrar os cardápios, e para garantir que você não perca algumas das especialidades nacionais ou regionais.

Lembre-se de que qualquer esforço que você fizer será valorizado. Portanto, não se acanhe! Experimente!

ABREVIATURAS USADAS NESTE GUIA

adj	adjetivo
adv	advérbio
subst	substantivo
prep	preposição
v	verbo
vi	verbo intransitivo
vt	verbo transitivo

PRONÚNCIA

A gama de sons do idioma japonês não é muito extensa, e a pronúncia não apresenta grandes dificuldades, desde que se observem alguns pontos básicos.

As sílabas das palavras japonesas são compostas como abaixo:

1. de uma vogal sozinha (por exemplo, *a*)
2. de uma consoante seguida de uma vogal (por exemplo, *ka*)
3. de um *n*, que conta como uma sílaba por si só
4. de uma consoante seguida de *y* (transcrito como "i") e de uma vogal (por exemplo, *kia*)

Diferentemente do português, cada sílaba é pronunciada como uma "batida", ou seja, separadamente, de forma que não existe uma tônica em nenhuma sílaba específica de uma palavra.

Cada vogal tem um som específico que não se altera. Quando há uma sequência de vogais, cada uma delas é pronunciada clara e separadamente; por exemplo, *aoi* (azul) pronuncia-se *a-o-i*.

A seguir, uma explicação sucinta das sílabas do japonês, apresentadas na ordem tradicional japonesa, com a respectiva pronúncia:

Vogais

a   como em "c**a**rro"
i   como em "c**i**dade"
u   como em "m**u**sa", mas sem arredondar muito os lábios
e   como em "**e**scrita"
o   como em "**o**vo", mas com os lábios levemente mais arredondados

Consoantes seguidas de vogais

Quando a pronúncia for diferente do português, estará indicada.

ka, ki, ku, ke, ko

ga, gi, gu, ge, go (o *g* às vezes é nasalizado, principalmente na região de Tóquio, mas não é necessário pronunciá-lo dessa forma; o *gi* se pronuncia *gui* como em "**gui**ar" e o *ge* se pronuncia *gue* como em "**gue**ixa")

sa, shi, su, se, so (o *su*, quando em final de frase, pronuncia-se apenas *s*. Ex.: desu = /des/; masu = /mas/; o *shi* será transcrito como *chi*)

za, ji, zu, ze, zo (o *ji* é pronunciado aproximadamente como *dji*)

ta, chi, tsu, te, to (o *chi* pronuncia-se *tch*, como em "**tch**au", e o *tsu* como em "**tsu**nami")

da, ji, zu, de, do (o *ji* é pronunciado aproximadamente como *dji*)

na, ni, nu, ne, no

ha, hi, fu, he, ho (o som do *h* é aspirado, como no inglês, ou seja, tem aproximadamente o som do nosso *r* suave; ele será transcrito com um sublinhado, <u>h</u>, para que se lembre de que não é mudo; o *fu* é pronunciado sem que os dentes superiores encostem no lábio inferior)

pa, pi, pu, pe, po

ba, bi, bu, be, bo

ma, mi, mu, me, mo

ia, iu, io

ra, ri, ru, re, ro (o *r* quando no início da palavra tem som similar ao do *l*; nos demais casos, pronuncia-se aproximadamente como o *r* em pe**r**igo)

wa (pronuncia-se *ua*, mas com lábios não muito arredondados; será transcrito como *ua*)

o *n* é substituído e pronunciado como *m* antes de *p* e *b*; por exemplo, *kampai* (saúde!), *chimbun* (jornal), e pronunciado como *n* nasalizado antes de todos os outros sons ou no final das palavras; por exemplo, *onsen* (termas). Usa-se *n'* antes de vogais; por exemplo, *kin'en* (não fumante), que se diferencia de *kinen*, *ki-nen* (comemoração). Quando o *n* é seguido de *na, ni, nu, ne, no*, ou *ma, mi, mu, me* e *mo*, é pronunciado separadamente da sílaba seguinte; por exemplo, *kinnen* – *kin-nen* – (últimos anos), em contraposição a *kinen* – *ki-nen* – (comemoração), ou *sambanme* – *sam-ban-me* (terceiro). Nesses casos, optou-se por separá-los com o apóstrofo: *kin'nen*, *samban'me*.

As consoantes *k, s, t* e *p* também podem ser prolongadas; é igualmente importante que sejam pronunciadas em dois tempos. Antes de uma consoante dobrada, faz-se uma pequena pausa que indica um som oclusivo, de forma que, por exemplo, *gakkoo* pronuncia-se *ga-kkoo*. O sinal de apóstrofo será empregado para indicar a oclusão – pequena pausa – antes do s duplo. Ex.: *ma'ssugu* (sempre em frente). Quando não houver apóstrofo, o s duplo deverá ser lido normalmente, sem oclusão, já que, nas palavras em que o s está entre vogais, foi transcrito como ss, para que não seja lido como um z.

Se o *i* ou o *u* estiverem entre as consoantes *k*, *s*, *t*, *h* e *p*, eles praticamente não são pronunciados; por exemplo, o nome *Yamashita* é pronunciado como *lamachta*. Isso também ocorre no final das palavras, principalmente em verbos terminados em *su*; por exemplo, *ikimasu* (ir) geralmente é pronunciado como *ikimas*.

As vogais podem ser longas, de modo que a sílaba dure por dois tempos. Isso será sinalizado por meio da duplicação da vogal em questão. Os sons das vogais são os mesmos descritos acima; apenas mantenha o som de uma vogal longa pelo dobro do tempo de uma normal. É importante fazer a distinção entre vogais curtas e longas, já que algumas palavras se diferenciam apenas por esse detalhe, por exemplo, *chudjin* (marido, anfitrião) e *chuudjin* (prisioneiro). Observe que a segunda vogal sinaliza uma extensão na pronúncia, e não uma separação; assim, *chuudjin* pronuncia-se *chuu-djin*, e não *chu-u-djin*. A seguir, mais alguns exemplos de vogais curtas e longas: *futsuu* (comum, normal – o primeiro *u* é curto e o segundo, longo), *fuufu* (casal – o primeiro *u* é longo e o segundo, curto), *kinoo* (ontem – a primeira vogal é curta e a segunda, longa).

Observe que quando o *ch* é oclusivo (duplo) é escrito como *tch* e o som é semelhante ao de **tch**au.

Outras contrações fonéticas: consoante + *ia*, *iu* e *io*.

kia (ki+ia), *kiu* (ki + iu), *kio* (ki + io), transcritas como *kia*, *kiu*, *kio*

sha (shi + ia), *shu* (shi + iu), *sho* (shi + io), transcritas como *cha*, *chu*, *cho*

tia (ti + ia), *tiu* (ti + iu), *tio* (ti + io), transcritas como *tchia*, *tchiu*, *tchio*

Sistema de escrita

O sistema de escrita do idioma japonês combina caracteres chineses (*kanji*), que expressam um elemento de sentido (conceito ou objeto) assim como de som, e dois silabários fonéticos, *hiragana* e *katakana*. Cada sílaba pode ser escrita usando-se dois tipos diferentes de caracter, *hiragana* e *katakana*. Qualquer palavra japonesa pode ser escrita em *hiragana*, mas esse sistema é empregado principalmente para escrever palavras gramaticais e terminações de palavras em que a parte principal, que transmite o conceito, está escrita em *kanji*. A escrita *katakana* é usada principalmente para palavras de origem estrangeira. O japonês era tradicionalmente escrito na vertical, da direita para a esquerda, mas atualmente também é escrito horizontalmente, da esquerda para a direita. Não há espaço entre as palavras.

CONVERSA DO DIA A DIA

Você deve respeitar as regras básicas da etiqueta japonesa, o que inclui tirar os sapatos ao entrar na casa de alguém, não deixar os *hashis* espetados no arroz, não comer andando e assoar o nariz muito discretamente, caso não consiga evitar assoá-lo. Faz parte das boas maneiras dar lembrancinhas, **omi'iague**, ao visitar as pessoas, ao participar de cerimônias ou ao voltar de viagens.

Os japoneses usam um modo bastante formal para falar entre si. Uma linguagem mais familiar é utilizada apenas entre amigos próximos e familiares, ou entre jovens que fazem parte do mesmo grupo de amigos. É considerado grosseiro recusar algo de modo categórico ou dar uma opinião excessivamente forte. Usam-se constantemente os eufemismos para expressar opiniões negativas, mas tome cuidado pois eles podem ser mal entendidos. Você deve também ter em mente que os japoneses consideram infantil dar desculpas; a expressão *moochiuake gozaimassen* literalmente significa "não tenho desculpas".

Os cumprimentos são formais, sem beijinhos ou abraços. Entre amigos, um leve movimento de cabeça é suficiente, porém num ambiente mais formal, digamos, ao encontrar pessoas de mais idade ou novos colegas de trabalho, é necessário curvar-se de modo mais óbvio. Quanto maior e mais demorada a inclinação, maior a formalidade. Você deve se curvar a partir da cintura, mantendo o pescoço e as costas retas da cabeça até os quadris. As mulheres devem se curvar colocando uma mão sobre a outra, com os braços em frente ao corpo; os homens devem manter os braços lateralmente ao corpo. Procure também evitar o contato visual muito direto. Muitos gestos são diferentes no Japão. Por exemplo, para chamar alguém em sua direção você deve fazer o movimento usual dos dedos, mas com a palma da mão virada para baixo. Ao apontar para si próprio, aponte com o dedo indicador em direção à ponta do nariz.

O básico

até logo	さようなら saioonara
boa noite	こんばんは komban'ua
boa noite *(ao se despedir)*	おやすみなさい oiassumi nassai
bom dia	おはようございます ohaioo gozaimas (usado apenas até cerca de 10h; após esse horário, use こんにちは kon'nitchiua)
com licença	すみません sumimassen
como disse?	何ですか nan des ka?
desculpe	すみません sumimassen
não	いいえ iie
o.k., tudo bem	オッケー okkee
obrigado(a)	ありがとう(ございます) arigatoo (gozaimas)
olá	こんにちは kon'nitchiua
por favor	お願いします onegai chimas
sim	はい hai, ええ ee
tchau	バイバイ baibai

Expressando-se

eu gostaria/nós gostaríamos ...
... をください。
... o kudassai

quer ...?
... がほしいですか。
... ga hochii des ka?

vocês têm ...?
... はありますか。
... ua arimas ka?

tem um(uns, alguns) ...?
... はありますか。
... ua arimas ka? ...

como?
どう
doo?

por quê?
なぜ・どうして
naze/doochte?

quando?
いつ
itsu?

o quê?
なに・なん
nani/nan?

onde fica/ficam …?
… はどこですか。
… ua doko des ka?

quanto custa isto?
いくらですか。
ikura des ka?

o que é isto?
何ですか。
nan des ka?

o(a) senhor(a)/você fala inglês?
英語が話せますか。
eego ga <u>h</u>anassemas ka?

onde ficam os toaletes, por favor?
すみません、トイレはどこですか。
sumimassen, toire ua doko des ka?

como vai?
お元気ですか。
oguenki des ka?

bem, obrigado(a)
ええ、元気です。
ee, guenki des

muito obrigado(a)
どうもありがとうございます。
doomo arigatoo gozaimas

não, obrigado(a)
いいえ、結構です。
iie, kekkoo des

sim, por favor
はい、お願いします。
<u>h</u>ai, onegai chimas

de nada
どういたしまして。
doo itachimachte

até mais tarde
では、また。
deua, mata

sinto muito
すみません。
sumimassen

Compreendendo

注意 *tchiuui*	atenção
… 禁止 … *kinchi*	proibido …
入口 *irigutchi*	entrada
出口 *degutchi*	saída
無料 *murioo*	livre
駐車禁止 *tchiuucha kinchi*	proibido estacionar
禁煙 *kin'en*	proibido fumar
オープン *oopun*, 営業中 *eeguioo tchiuu*	aberto

故障中 kochoo tchiuu — fora de serviço, em manutenção
予約席 ioiaku seki — reservado(a)
お手洗い otearai, トイレ toire — toaletes

…があります。
… ga arimas
tem … (para coisas, objetos)

…がいます。
… ga imas
tem … (para pessoas e animais)

いらっしゃいませ。
iracchaimasse
bem-vindo(a)

…てもいいですか。
… te mo ii des ka?
importa-se se …?

ちょっと、お待ちください。
tchiotto omatchi kudassai
um momento, por favor

おかけください・お座りください。
okake kudassai/ossu'uari kudassai
sente-se, por favor

PROBLEMAS NA COMPREENSÃO DO JAPONÊS

Expressando-se

como disse?
何ですか。
nan des ka?

o quê?
何ですか。
nan des ka?

poderia falar mais devagar, por favor?
もう少しゆっくり話してください。
(moo) sukochi iukkuri hanachte kudassai

não estou entendendo
わかりません。
uakarimassen

entendo só um pouco de japonês
日本語は少ししか分かりません。
ni<u>h</u>ongo ua sukochi chika uakarimassen

entendo japonês, mas não sei falar
日本語は分かりますが、話せません。
ni<u>h</u>ongo ua uakarimas ga, <u>h</u>anassemassen

quase nunca falo japonês
日本語はほとんど話せません。
ni<u>h</u>ongo ua <u>h</u>otondo <u>h</u>anassemassen

o(a) senhor(a)/você fala inglês?
英語は話せますか。
eego ua <u>h</u>anassemas ka?

como se diz ... em japonês?
... は日本語で何と言いますか。
... ua ni<u>h</u>ongo de nan to iimas ka?

como se diz isto em japonês?
日本語では何と呼びますか。
ni<u>h</u>ongo de ua nan to iobimas ka?

poderia escrever para mim?
書いてもらえますか。
kaite moraemas ka?

Compreendendo

日本語は分かりますか。
ni<u>h</u>ongo ua uakarimas ka?
entende japonês?

書いてあげましょう。
kaite aguemachoo
deixe-me anotar

それは ... という意味です。
sore ua ... to iuu imi des
isto significa ...

それは … のようなものです。
sore ua … no ioo na mono des
é um tipo de …

どういうつづりですか。
doo iuu tsuzuri des ka?
como se escreve isto?

FALANDO SOBRE A LÍNGUA

Expressando-se

aprendi algumas palavras do meu guia de conversação
海外旅行者用の本で、少しだけ覚えました。
kaigai riokoocha ioo no hon de sukochi dake oboemachta

só consigo me virar um pouco
何とか分かります。
nantoka uakarimas

mal conheço duas palavras!
全く分かりません。
mattaku uakarimassen

acho o japonês uma língua difícil
日本語は難しい言葉だと思います。
nihongo ua muzukachii kotoba da to omoimas

só sei o básico, nada além disso
基本的なことしか分かりません。
kihonteki na koto chika uakarimassen

as pessoas falam rápido demais para mim
みんな話し方が早すぎます。
min'na hanachikata ga haiassuguimas

Compreendendo

発音がいいですね。
hatsuon ga ii des ne
a sua pronúncia é muito boa

日本語がとてもじょうずですね。
nihongo ga totemo djioozu des ne
o(a) senhor(a)/você fala japonês muito bem

FAZENDO PERGUNTAS SOBRE O CAMINHO

Expressando-se

desculpe-me, pode me dizer onde fica o(a) …, por favor?
すみません、… はどこか教えてください。
sumimassen, … ua doko ka ochiete kudassai?

qual é o caminho para …?
… へ行く道はどちらですか。
… e iku mitchi ua dotchira des ka?

poderia me dizer como chego a …?
… へどうやって行くか教えてもらえませんか。
… e doo iatte iku ka ochiete moraemassen ka?

há um(a) … aqui perto?
この近くに … がありますか。
kono tchikaku ni … ga arimas ka?

poderia me mostrar no mapa?
この地図で教えてくれませんか。
kono tchizu de ochiete kuremassen ka?

há algum mapa da cidade em algum lugar?
どこかにこの町の地図はありますか。
doko ka ni kono matchi no tchizu ua arimas ka?

é longe?
遠いですか。
tooi des ka?

estou procurando …
… を探しています。
… o sagachte imas

estou perdido(a)
道に迷いました。
mitchi ni maioimachta

Compreendendo

に沿っていく *ni sotte iku*	seguir
降りる *oriru*, 下る *kudaru*	descer

CONVERSA DO DIA A DIA

15

上る *noboru*, 上がる *agaru*	subir
そのまま行く *sono mama iku*	continue em frente
左 *hidari*	esquerda
右 *migui*	direita
まっすぐ *ma'ssugu*	sempre em frente
曲がる *magaru*	virar

歩いて行きますか。
aruite ikimas ka?
o(a) senhor(a)/você está a pé?

車で５分です。
kuruma de go fun des
fica a uns cinco minutos de carro

最初・2番目・3番目の角を左です。
saicho/niban'me/samban'me no kado o hidari des
é a primeira/segunda/terceira à esquerda

左側の最初・2番目・3番目の … です。
hidari gaua no saicho/niban'me/samban'me no … des
é a primeira/segunda/terceira … à esquerda

交差点を右に曲がってください。
koossaten o migui ni magatte kudassai
vire à direita no cruzamento

銀行を左に曲がってください。
guinkoo o hidari ni magatte kudassai
vire à esquerda no banco

次の出口で出てください。
tsugui no degutchi de dete kudassai
pegue a próxima saída

そんなに遠くありません。	すぐそこです。
son'na ni tooku arimassen	*sugu soko des*
não é longe	é logo dobrando a esquina

CONHECENDO PESSOAS

O idioma japonês possui diferentes registros de linguagem dependendo da formalidade e do grau de intimidade entre as pessoas envolvidas. *Grosso modo*, tais registros podem ser descritos como afetuoso, cordialmente familiar, cordialmente polido, polido e muito polido.

No âmbito familiar, são empregadas formas afetuosas de tratamento; por exemplo, **otoossan** (papai), **okaassan** (mamãe), **oneessan** (irmã mais velha) e **onissan** (irmão mais velho). O sufixo **san** (**-ssan**) somente é usado para os membros mais velhos da família. Os irmãos e irmãs mais jovens são designados por seus nomes, geralmente acrescidos do sufixo **tchan**, por exemplo Mika-tchan. Observe que o **tchan** ainda pode ser usado para membros mais velhos da família (por exemplo, **oneetchan**) e para amigos íntimos que também podem ter apelidos. Meninos e rapazes podem ser tratados com o modo de tratamento familiar **kun**, inserido depois de seus nomes.

O registro cordialmente familiar é usado entre pessoas jovens que tenham a mesma idade (por exemplo, colegas de classe etc.) e dentro do círculo familiar.

O registro cordialmente polido (adotado neste guia) e o registro polido são usados para falar com amigos, conhecidos, vizinhos e colegas de escola de diferentes idades (isso é conhecido como **sempai/koohai** ou como relação mais velhos/mais jovens). O sufixo **san** (**-ssan**) é adicionado depois do nome ou do sobrenome. Em japonês os sobrenomes vêm antes dos nomes. Observe que o uso direto de pronomes correspondentes a "você"/ "vocês" é considerado grosseiro e agressivo; em lugar deles usam-se os nomes juntamente com os sufixos.

O registro muito polido (**keego**) é usado para se falar com estrangeiros e conhecidos distantes, e é adotado por vendedores de lojas, funcionários de hotéis e de transportes e outras pessoas que lidam com o público.

O básico

agradável	かわいい *kauaii*
amar	大好き *dai suki*
bacana	すてき *suteki*
barato(a)	安い *iassui*
bem	よく *ioku*
bom/boa	いい *ii*
bonito(a)	きれい *kiree*
caro(a)	高い *takai*
chato(a)	つまらない *tsumaranai*
fofo(a), legal	かわいい *kauaii*
genial	すごい *sugoi*
gostar	好き *suki*
interessante	面白い *omochiroi*
nada mal	悪くない *uarukunai*
odiar	嫌い *kirai*
ruim	よくない *iokunai*, 悪い *uarui*

APRESENTANDO-SE E DESCOBRINDO INFORMAÇÕES SOBRE AS OUTRAS PESSOAS

Expressando-se

meu nome é ...
私の名前は ... です。
uatachi no namae ua ... des

qual é o seu nome?
お名前は。
onamae ua?

como vai?
初めまして。
hadjimemachte?

prazer em conhecê-lo(a)!
どうぞ、よろしく。
doozo iorochiku!

este é meu marido/esta é minha mulher
主人・家内です。
chudjin/kanai des

esta é minha companheira, ...
パートナーの ... です。
paatonaa no ... des

sou brasileiro(a)/somos brasileiros
ブラジル人です。
buradjirudjin des

sou de(a) …
… から来ました。
… kara kimachta

quantos anos tem?
おいくつですか。
oikutsu des ka?

o que faz da vida?
お仕事は何ですか。
ochigoto ua nan des ka?

eu trabalho
働いています。
hataraite imas

sou professor
教師です。
kioochi des

trabalho meio período
パートタイムで働いています。
paato taimu de hataraite imas

sou aposentado(a)
退職しました。
taichoku chimachta

tenho dois filhos
子供が二人います。
kodomo ga futari imas

dois meninos e uma menina
息子が二人と娘が一人。
mussuko ga futari to mussume ga hitori

um menino de cinco e uma de dois
5歳の息子と2歳の娘。
go sai no mussuko to ni sai no mussume

de onde o(a) senhor(a)/você é?
出身はどこですか。
chucchin ua doko des ka?

tenho 22 anos
22歳です。
nidjiuu nissai des

é estudante?
学生ですか。
gakussee des ka?

estudo direito
法律を勉強しています。
hooritsu o benkioo chite imas

fico em casa com as crianças
家で子供の面倒を見ています。
ie de kodomo no mendoo o mite imas

trabalho com *marketing*
マーケティングをしています。
maaketingu o chite imas

sou autônomo(a)
自営業です。
djieeguioo des

não temos filhos
子供はいません。
kodomo ua imassen

CONHECENDO PESSOAS

já esteve no Brasil?
ブラジルに行ったことがありますか。
buradjiru ni itta koto ga arimas ka?

Compreendendo

ブラジル人ですか。
buradjirudjin des ka?
o(a) senhor(a)/você é brasileiro(a)?

ブラジルのことをよく知っています。
buradjiru no koto o ioku chitte imas
conheço bem o Brasil

私たちも休暇です。
uatachi-tatchi mo kiuuka des
também estamos de férias

いつかブラジルに行ってみたいです。
itsuka buradjiru ni itte mitai des
eu gostaria de ir ao Brasil algum dia

FALANDO SOBRE SUA ESTADIA

Expressando-se

estou aqui a trabalho
仕事で来ました。
chigoto de kimachta

cheguei há três dias
３日前に来ました。
mikka mae ni kimachta

esta é a nossa primeira vez no Japão
初めて日本に来ました。
hadjimete nihon ni kimachta

só estamos de passagem
ちょっと立ち寄っただけです。
tchiotto tatchi'iotta dake des

estamos de férias
休暇で来ました。
kiuuka de kimachta

estamos aqui há uma semana
一週間、ここにいます。
icchuukan koko ni imas

estou aqui apenas para o fim de semana prolongado
ここには週末だけです。
koko ni ua chuumatsu dake des

estamos aqui para comemorar nosso aniversário de casamento
結婚記念のお祝いで来ました。
kekkon kinen no oiuai de kimachta

estamos em lua de mel
新婚旅行中です。
chinkon liokoo tchiuu des

estamos aqui com uns amigos
友達と来ています。
tomodatchi to kite imas

estamos fazendo um *tour*
周遊旅行で来ています。
chuuiuu liokoo de kite imas

conseguimos pegar um voo barato
安い航空券が手に入りました。
iassui kookuuken ga te ni <u>h</u>airimachta

Compreendendo

よい旅行を。
ioi liokoo o!
boa viagem!

日本は初めてですか。
ni<u>h</u>on ua <u>h</u>adjimete des ka?
é a primeira vez que vem ao Japão?

どのぐらいいますか。
dono gurai imas ka?
quanto tempo vai ficar?

ここはお気に召しましたか。
koko ua oki ni mechimachta ka?
está gostando daqui?

… には行かれましたか。
… ni ua ikaremachta ka?
esteve em …?

MANTENDO CONTATO

Expressando-se

deveríamos manter contato
これからも連絡ください。
kore kara mo lenraku kudassai

vou lhe dar meu *e-mail*
私のメールアドレスを教えましょう。
uatachi no meeru adoressu o ochiemachoo

CONHECENDO PESSOAS

aqui está meu endereço, caso algum dia vá ao Brasil
もしブラジルに来ることがあれば、これが私の住所です。
mochi buradjiru ni kuru koto ga areba, kore ga uatachi no djiuucho des

Compreendendo

住所を教えてくださいますか。
djiuucho o ochiete kudassaimas ka?
quer me dar seu endereço?

メールアドレスはありますか。
meeru adoressu ua arimas ka?
o(a) senhor(a)/você tem e-mail?

いつでもうちに来て泊まってください。
itsudemo utchi ni kite tomatte kudassai
você será sempre bem-vindo para se hospedar lá em casa

EXPRESSANDO SUA OPINIÃO

É considerado grosseiro expressar desacordo abertamente, a não ser que você com certeza tenha um *status* mais elevado do que o da outra pessoa. Os japoneses têm tendência a usar frases vagas, cujo sentido muitas vezes não é entendido por nenhuma das duas partes.

Expressando-se

realmente gosto ...
... がとても好きです。
... ga totemo suki des

não gosto ...
... は好きじゃありません。
... ua suki djia arimassen

realmente gostei ...
... がとても好きでした。
... ga totemo suki dechta

não gostei ...
... は好きじゃありませんでした。
... ua suki djia arimassen dechta

adoro ...
... 大好きです。
... dai suki des

adorei ...
... 大好きでした。
... dai suki dechta

eu gostaria de ...
... たいです。
... tai des (ver gramática)

eu teria gostado de ...
... たかったです。
... takatta des (ver gramática)

acho isto ...
... と思います。
... to omoimas

achei isto ...
... と思いました。
... to omoimachta

é adorável
すばらしい。
subarachii

foi adorável
すばらしかったです。
subarachkatta des

concordo
私もそう思います。
uatachi mo soo omoimas

não concordo
そうですか、私はちょっと。
soo des ka. uatachi ua tchiotto

não sei
わかりません。
uakarimassen

não me importo
かまいませんよ。
kamaimassen io

hum... não sei não
ううん、ちょっと...。
uun, tchiotto ...

isto está parecendo interessante
面白そうですね。
omochirossoo des ne

isto realmente me chateia
困りました。
komarimachta

estava chato
つまらなかったです。
tsumaranakatta des

é um roubo (muito caro)
ぼったくりだ。
bottakuri da

fica muito cheio à noite
夜はとても混みます。
ioru ua totemo komimas

está muito cheio
すごく混んでいます。
sugoku konde imas

está muito parado
とても静かです。
totemo chizuka des

foi muito legal
とても楽しかったです。
totemo tanochkatta des

estou cansado(a)
疲れました。
tsukaremachta

CONHECENDO PESSOAS

estava mesmo um astral muito bom
とてもいい雰囲気でした。
totemo ii fun'iki dechta

conhecemos umas pessoas legais
いい人達と出会いました。
ii <u>h</u>ito-tatchi to deaimachta

achamos um hotel ótimo
すばらしいホテルを見つけました。
subarachii <u>h</u>oteru o mitsukemachta

Compreendendo

… は好きですか。
… ua suki des ka?
você gosta …?

… へ行った方がいいですよ。
… e itta <u>h</u>oo ga ii des io
você deve ir para …

素敵な所です。
suteki na tokoro des
é um lugar muito agradável

楽しかったですか。
tanochkatta des ka?
vocês se divertiram?

… をお勧めします。
… o ossussume chimas
eu sugiro …

観光客はあまりいません。
kankoo kiaku ua amari imassen
não tem muitos turistas

週末は行かないほうがいいです。 とても混んでいます。
chuumatsu ua ikanai <u>h</u>oo ga ii des. totemo konde imas
não vá no final de semana, fica muito cheio

評判ほどではないです。
<u>h</u>iooban <u>h</u>odo de ua nai des
o preço está um pouco exagerado

FALANDO SOBRE O TEMPO

Expressando-se

o(a) senhor(a)/você viu a previsão do tempo para amanhã?
明日の天気予報を見ましたか。
achta no tenki io<u>h</u>oo o mimachta ka?

vai fazer tempo bom
晴れるでしょう。
hareru dechoo

não vai fazer tempo bom
天気はあまりよくないでしょう。
tenki ua amari iokunai dechoo

está muito quente/frio
とても暑い・寒いです。
totemo atsui/samui des

esfria à noite
夜は冷え込みます。
ioru ua hiekomimas

o tempo estava bonito
天気はすばらしかったです。
tenki ua subarachkatta des

choveu algumas vezes
何回か雨が降りました。
nan kai ka ame ga furimachta

houve uma tempestade
すごい雷でした。
sugoi kaminari dechta

está muito úmido aqui
ここはとても蒸します。
koko ua totemo muchimas

o tempo esteve ótimo a semana toda
一週間ずっといい天気でした。
icchuukan zutto ii tenki dechta

tivemos sorte com o tempo
天気には恵まれていました。
tenki ni ua megumarete imachta

está quente e úmido, não está?
蒸し暑いですね。
muchiatsui des ne

tem chovido muito, não é mesmo?
よく降りますね。
ioku furimas ne

Compreendendo

雨が降るそうです。
ame ga furu soo des
a previsão é de chuva

梅雨です。
tsuiu des
é época de chuvas

今週末まで天気がいいそうです。
kon chuumatsu made tenki ga ii soo des
a previsão é de tempo bom para o resto da semana

明日も暑いでしょう。
achta mo atsui dechoo
amanhã vai esquentar de novo

CONHECENDO PESSOAS

VIAJANDO

O básico

aeroporto	空港 kuukoo
alugar	借りる kariru
avião	飛行機 hikooki
bagagem	荷物 nimotsu
balsa	フェリー ferii
barco	船 fune
bonde	路面電車 lomen dencha, 市電 chiden
carro	車 kuruma, 自動車 djidoocha
cartão de embarque	搭乗券 toodjiooken
centro da cidade	中心街 tchiuuchingai
check-in	チェックイン tchiekkuin
embarque	搭乗 toodjioo
estação de metrô	地下鉄の駅 tchikatetsu no eki
estação ferroviária	駅 eki
estrada	道路 dooro
guarda-volumes (automático)	コインロッカー koin lokkaa
guarda-volumes (seção)	手荷物預かり所 tenimotsu azukaridjio
guia de ruas	ストリートマップ sutoriito mappu
mapa	地図 tchizu
metrô	地下鉄 tchikatetsu
ônibus	バス bassu
ônibus circular (*shuttle*)	シャトルバス chatoru bassu
ônibus de turismo	観光バス kankoo bassu
ônibus de viagem	長距離バス tchiookiori bassu
passagem	チケット tchiketto, 切符 kippu
passagem de ida e volta	往復（切符） oofuku (kippu)
passagem só de ida	片道（切符） katamitchi (kippu)
passaporte	パスポート passupooto
plataforma	（プラット）ホーム (puratto)hoomu
ponto de ônibus	バス停 bassu tee
portão de embarque	ゲート gueeto
reserva	予約 ioiaku
reservar	予約する ioiaku suru
rodovia	高速道路 koossoku dooro
rodoviária	バスターミナル bassu taaminaru

rua	通り *toori*
tabela de horários	時刻表 *djikokuhioo*
táxi	タクシー *takuchii*
terminal	ターミナル *taaminaru*
trem	列車 *leccha*, 電車 *dencha*
trem-bala	新幹線 *chinkansen*
voo	便 *bin*

Expressando-se

onde posso comprar passagens?
切符はどこで買ったらいいですか。
kippu ua doko de kattara ii des ka?

uma passagem para …, por favor
… までの切符をお願いします。
… made no kippu o onegai chimas

eu gostaria de reservar uma passagem
切符を予約したいんですが。
kippu o ioiaku chitai n des ga

quanto custa uma passagem para …?
… までの切符はいくらですか。
… made no kippu ua ikura des ka?

tem algum desconto para estudantes?
学割はききますか。
gaku'uari ua kikimas ka?

poderia me dar uma tabela de horários, por favor?
時刻表をください。
djikoku<u>h</u>ioo o kudassai?

tem um mais cedo/tarde?
それより早い・遅いのはありますか。
sore iori <u>h</u>aiai/ossoi no ua arimas ka?

quanto tempo dura a viagem?
どのくらい時間がかかりますか。
dono kurai djikan ga kakarimas ka?

VIAJANDO

27

este lugar está vago?
ここは空いていますか。
koko ua aite imas ka?

desculpe, tem alguém sentado aí
すみません。ここは人が来ます。
sumimassen. koko ua hito ga kimas

Compreendendo

到着 *tootchiaku*	chegadas
キャンセル *kianseru*, 中止 *tchiuuchi*	cancelado
乗り換え *norikae*	conexões
出発 *chuppatsu*	partidas
入口 *irigutchi*	entrada
立入禁止 *tatchi'iri kinchi*	entrada proibida
案内 *an'nai*	informações
遅延 *tchien*	atrasado
出口 *degutchi*	saída
男性用トイレ *dansee ioo toire*	homens (*sanitário masculino*)
女性用トイレ *djiossee ioo toire*	mulheres (*sanitário feminino*)
切符 *kippu*, チケット *tchiketto*	passagens
お手洗い *otearai*, トイレ *toire*	sanitários, toaletes

満員です。
man'in des
está tudo reservado

DE AVIÃO

Às vezes sai mais barato pegar voos domésticos do que o "trem-bala" (新幹線 *chinkansen*), que é de alta velocidade. Fazendo a reserva com alguns meses de antecedência, você pode obter bons descontos, principalmente em voos de manhã cedo. As principais companhias aéreas japonesas são HIS e JTB.

Expressando-se

onde fica o *check-in* da …?
… のチェックインはどこですか。
… no tchiekkuin ua doko des ka?

tenho um bilhete eletrônico
イーチケットを持っています。
ii-tchiketto o motte imas

a que horas embarcamos?
搭乗は何時ですか。
toodjioo ua nandji des ka?

uma mala (a despachar) e uma mala de mão
スーツケースがひとつと手荷物がひとつです。
suutsukeessu ga hitotsu to tenimotsu ga hitotsu des

eu gostaria de confirmar meu voo da volta
帰りの飛行機のリコンファームをしたいんですが。
kaeri no hikooki no likonfaamu o chitai n des ga

uma de minhas malas sumiu
スーツケースがひとつ足りません。
suutsukeessu ga hitotsu tarimassen

minha mala não chegou
荷物がまだ来ていません。
nimotsu ga mada kite imassen

o voo estava duas horas atrasado
飛行機が２時間遅れました。
hikooki ga ni djikan okuremachta

perdi a conexão
乗り換え損ねました。
norikae sokonemachta

esqueci algo no avião
飛行機の中に忘れ物をしました。
hikooki no naka ni uassuremono o chimachta

eu gostaria de informar o extravio de minha bagagem
着いていない荷物の届け出をしたいんですが。
tsuite inai nimotsu no todokede o chitai n des ga

Compreendendo

荷物受取所 nimotsu uketoridjio	entrega de bagagens
チェックイン tchiekkuin	*check-in*
税関 zeekan	alfândega
出発ロビー chuppatsu lobii	sala de embarque

VIAJANDO

国内線 *kokunai sen* — voos domésticos
免税 *menzee* — free shop
申告が必要なもの *chinkoku ga hitsuioo na mono* — bens a declarar
すぐに搭乗 *sugu ni toodjioo* — embarque imediato
申告するものがない *chinkoku suru mono ga nai* — nada a declarar
入国審査 *niuukoku chinsa* — controle de passaportes

出発ロビーでお待ちください。
chuppatsu lobii de omatchi kudassai
por favor, aguarde na sala de embarque

窓側と通路側とどちらのお席がよろしいですか。
madogaua to tsuurogaua to dotchira no osseki ga iorochii des ka?
prefere um lugar na janela ou no corredor?

… でお乗換えください。
… de onorikae kudassai
o(a) senhor(a)/você terá de fazer conexão em …

お荷物はおいくつですか。
onimotsu ua oikutsu des ka?
quantas malas o(a) senhor(a)/você tem?

ご自分でお荷物はお詰めになりましたか。
godjibun de onimotsu ua otsume ni narimachta ka?
foi o(a) senhor(a)/você mesmo quem fez todas as suas malas?

人から持って行ってくれと頼まれたものはありませんか。
hito kara motte itte kure to tanomareta mono ua arimassen ka?
alguém lhe deu alguma coisa para trazer no voo?

お荷物は5キロ、制限重量をオーバーしております。
onimotsu ua go kiro seiguen djiuurioo o oobaa chite orimas
sua mala está cinco quilos acima do peso

搭乗券をどうぞ。
toodjiooken o doozo
aqui está seu cartão de embarque

搭乗は … 時から始まります。
toodjioo ua … dji kara hadjimarimas
o embarque terá início às …

… 番ゲートにお進みください。
… ban gueeto ni ossussumi kudassai
por favor, dirija-se ao portão número …

… 様、最後のお呼び出しでございます。
… sama, saigo no oiobidachi de gozaimas
esta é a última chamada para …

お荷物が到着したかどうかは、この電話番号でご確認ください。
onimotsu ga tootchiaku chita ka doo ka ua, kono den'ua bangoo de gokakunin kudassai
o(a) senhor(a)/você pode ligar para este número para verificar se sua bagagem chegou

DE TREM, ÔNIBUS DE VIAGEM, ÔNIBUS URBANO, METRÔ E BONDE

A malha ferroviária japonesa é bastante intrincada e está concentrada nas cidades da costa do Pacífico. O trem-bala (新幹線 *chinkansen*) liga as principais cidades, enquanto a companhia ferroviária privatizada Japanese Railway (JR) serve as milhares de pequenas estações locais em todo o país. Há, ainda, muitas empresas ferroviárias locais, que são privadas. Uma passagem de trem da JR, válida por 7, 14 ou 21 dias, dá direito a viajar na classe-padrão por toda a sua malha ferroviária, incluindo todos os trens-bala, exceto o mais veloz, e pode ter um preço bem compensador. Ver http://www.japanrailpass.net/eng/en00.html.

As tarifas são calculadas de acordo com a distância e o tipo de trem: superexpresso (特急 *tokkiuu*), expresso (急行 *kiuukoo*), semiexpresso (準急 *djiunkiuu*) ou lento (普通 *futsuu*).

Os vagões são divididos em primeira classe (グリーン車 *guriin cha*), segunda classe com reserva (指定席 *chitee seki*) e segunda classe sem reserva (自由席 *dji'iuu seki*).

Os trens geralmente são pontuais, a não ser quando ocorrem desastres naturais (tufões, furacões e nevascas não são incomuns em algumas áreas).

Nas cidades, os trens de passageiros ficam extremamente lotados nos horários de pico. Independentemente da empresa com a qual você estiver viajando, na saída da maioria das estações há máquinas que retificam automaticamente o preço da sua passagem, caso o trecho percorrido tenha sido maior do que o originalmente pretendido. Se você não tiver certeza do local para onde está indo ou não conseguir ler o preço correto da passagem para o seu destino, escrito em japonês, poderá comprar o bilhete mais barato e pagar a diferença quando chegar ao local do destino. Caso haja uma fiscalização de passagens no trem, você jamais será suspeito de estar tentando trapacear.

Durante as férias escolares japonesas na primavera, no verão e no inverno, a empresa JR oferece um bilhete chamado 青春十八切符 *seichun djiuuhatchi kippu*, que tem um preço muito bom. Embora isso signifique "(bilhete) para menores de 18 anos", na verdade não há limite de idade. Ele lhe dá direito a fazer qualquer viagem nas linhas locais da JR num período de 24 horas. Quanto maior o percurso, mais vezes você terá que fazer baldeação: uma viagem de Tóquio a Quioto pode durar pelo menos oito horas. Você poderá obter o reembolso de bilhetes não utilizados.

Para os trens urbanos e do metrô você poderá adquirir bilhetes mensais (定期 *teeki*), evitando, assim, ter que pegar as filas das máquinas automáticas de venda de passagens. A malha viária não é dividida por zonas – o bilhete (*teeki*) é válido de um ponto a outro da respectiva linha férrea. Quando você faz a baldeação de uma linha privada para outra, em geral precisa pagar uma nova passagem. Entretanto, se comprar um bilhete para a viagem toda, antes de iniciá-la, poderá pagar um pouco menos, já que as empresas têm acordos para redução de preços nesses casos.

Os ônibus não servem apenas para realizar viagens dentro das cidades, mas são usados também para viagens de longa distância. Os ônibus noturnos são acessíveis e relativamente confortáveis (a viagem de Tóquio a Quioto leva cerca de seis horas). Você pode comprar as passagens ao entrar ou sair do ônibus. Para solicitar a parada, aperte o botão.

As tabelas de horários de trens contêm as informações dispostas na vertical. Há uma tabela especial, em vermelho, para domingos e feriados.

Expressando-se

pode me dar um mapa do metrô, por favor?
地下鉄の路線図をください。
tchikatetsu no lossenzu o kudassai?

a que horas é o próximo trem para …?
… 行きの次の列車は何時ですか。
… iuki no tsugui no leccha ua nan dji des ka?

a que horas é o último trem?
最終列車は何時ですか。
saichuu leccha ua nan dji des ka?

qual é a plataforma para …?
… 行きは何番ホーム／何番線 からですか。
… iuki ua namban hoomu/namban sen kara des ka?

onde posso pegar um ônibus para …?
… 行きのバスはどこですか。
… iuki no bassu ua doko des ka?

que linha tomo para ir para …?
… に行くのにはどの線に乗ればいいですか。
… ni iku no ni ua dono sen ni noreba ii des ka?

é este o ponto para …?
… 行きのバス停はここですか。
… iuki no bassu tee ua koko des ka?

é daqui que parte o ônibus (de viagem) para …?
ここから … 行きのバスが出ますか。
koko kara … iuki no bassu ga demas ka?

poderia me dizer quando tenho que descer?
私が降りる所に来たら、教えてくれませんか。
uatachi ga oriru tokoro ni kitara, ochiete kuremassen ka?

perdi o trem/ônibus
列車・バスに乗り遅れました。
leccha/bassu ni noriokuremachta

VIAJANDO

Compreendendo

改札口 *kaissatsugutchi*	catraca
切符売り場 *kippu uriba*	bilheteria
本日出発分 *hondjitsu chuppatsu bun*	bilhetes/passagens para viajar hoje
週ごとの *chuugoto no*	semanal
一ヶ月毎の *ikkaguetsugoto no*	mensalmente
本日の *hondjitsu no*	para o dia
予約 *ioiaku*	reservas
大人 *otona*	adulto
小人 *kodomo*	criança

右にもう少し行った所にバス停があります。
migui ni moo sukochi itta tokoro ni bassu tee ga arimas
tem um ponto um pouco mais à frente, à direita

お釣りがないようにお願いします。
otsuri ga nai ioo ni onegai chimas
somente o valor exato, por favor

…で乗り換えてください。
… de norikaete kudassai
o(a) senhor(a)/você tem que fazer baldeação em …

…番のバスにお乗りください。
… ban no bassu ni onori kudassai
o(a) senhor(a)/você tem que pegar o ônibus número …

この列車は…に停車いたします。
kono leccha ua … ni teecha itachimas
este trem para em …

二つ先のバス停
futatsu saki no bassu tee
dois pontos daqui

DE CARRO

Você precisará de uma carteira de habilitação internacional para dirigir no Japão. A expressão 止まれ *tomare*, escrita no asfalto ou em uma placa, quer dizer PARE. O limite de velocidade é de 100 km/h nas rodovias e de 60 km/h nos demais tipos de vias. Áreas construídas geralmente têm um limite de velocidade de 20 km/h. Os pedágios são muito caros e quase sempre é cobrada uma taxa para estacionar na rua.

Você pode avistar um táxi por meio da plaquinha no teto do veículo, contendo o nome da empresa de táxis. Os bancos dos táxis possuem uma cobertura protetora branca e os motoristas usam luvas brancas. Um pequeno símbolo na janela do motorista indica se o táxi está livre (空車 *kuucha*). As portas se abrem e se fecham automaticamente, portanto não tente fazê-lo por si próprio. Os táxis comuns (中型 *tchiuugata*) levam um máximo de quatro passageiros, mas os menores (小型 *kogata*) levam apenas três. Se você estiver indo a algum lugar não tão conhecido como os grandes hotéis e as atrações turísticas, é aconselhável ter em mãos um mapa, já que os taxistas nem sempre sabem o caminho.

VIAJANDO

Expressando-se

onde posso encontrar um posto de gasolina?
ガソリンスタンドはどこにありますか。
gassorin sutando ua doko ni arimas ka?

gasolina sem chumbo, por favor
無鉛をお願いします。
muen o onegai chimas

quanto custa o litro?
１リットルいくらですか。
itchi littoru ikura des ka?

tive um problema com o carro
車が故障しました。
kuruma ga kochoo chimachta

ficamos parados num congestionamento
交通渋滞に巻き込まれました。
kootsuudjiuutai ni makikomaremachta

35

há algum estacionamento aqui perto?
この近くに自動車修理工場はありますか。
kono tchikaku ni djidoocha chuurikoodjioo ua arimassen ka?

poderia nos ajudar a empurrar o carro?
車を押してもらえませんか。
kuruma o ochte moraemassen ka?

a bateria acabou/arriou
バッテリーがあがってしまいました。
batterii ga agatte chimaimachta

ficamos sem gasolina
ガス欠になりました。
gassu ketsu ni narimachta

estou com um pneu furado
パンクしてしまいました。
panku chite chimaimachta

acabamos de sofrer um acidente
事故にあいました。
djiko ni aimachta

perdi a chave do carro
車の鍵を失くしてしまいました。
kuruma no kagui o nakuchte chimaimachta

quanto tempo vai demorar para consertar?
修理にどれくらい時間がかかりますか。
chuuri ni dore kurai djikan ga kakarimas ka?

◆ Alugando um carro

eu gostaria de alugar um carro por uma semana
車を1週間、借りたいんですが。
kuruma o icchuukan karitai n des ga

um (carro) automático
オートマチック車
ootomatchikku cha

eu gostaria de fazer um seguro total
総合自動車保険に入りたいんですが。
soogoo djidoocha hoken ni hairitai n des ga

◆ Tomando um táxi

tem algum ponto de táxi aqui perto?
この近くにタクシー乗り場はありますか。
kono tchikaku ni takuchii noriba ua arimas ka?

eu gostaria de ir para …
… までお願いします。
… made onegai chimas

gostaria de reservar um táxi para as 8h
タクシーを８時に予約したいんですが。
takuchii o hatchi dji ni ioiaku chitai n des ga

pode me deixar aqui, obrigado(a)
ここで降ろしてください。ありがとう。
koko de orochte kudassai. arigatoo

quanto vai custar a corrida até o aeroporto?
空港までいくらですか。
kuukoo made ikura des ka?

◆ Pegando carona

estou indo para …
… に行くつもりです。
… ni iku tsumori des

poderia me levar até …?
… まで乗せてくれませんか。
… made nossete kuremassen ka?

obrigado(a) pela carona
乗せてもらって助かりました。
nossete moratte tassukarimachta

pode me deixar aqui?
ここで降ろしてくれませんか。
koko de orochte kuremassen ka?

nós pegamos uma carona
ヒッチハイクをして来ました。
hittchihaiku o chite kimachta

VIAJANDO

Compreendendo

満車 mancha — lotado (estacionamento)
スペース有 supeessuari — vagas (estacionamento)
チケットをお持ちください。 — guarde o seu tíquete
 tchiketto o omotchi kudassai
レンタカー lentakaa — aluguel de carro

37

駐車場 tchiuuchadjioo	estacionamento
徐行 djiokoo	devagar
駐車禁止 tchiuucha kinchi	proibido estacionar
走行車線 sookoo chassen	mantenha-se na faixa
制限速度 seeguen sokudo	limite de velocidade
料金所 liookindjio	pedágio

免許証と身分証明書、クレジットカードをお見せください。
menkiochoo to mibunchoomeicho, kuredjitto kaado o omisse kudassai
vou precisar de sua carteira de motorista, comprovante de endereço e seu cartão de crédito

保証金は1万円です。
hochookin ua itchiman en des
tem um depósito de 10.000 ienes

分かりました、乗ってください。…まで乗せましょう。
uakarimachta. notte kudassai … made nossemachoo.
certo, entre, eu o(a) levo até …

DE BARCO

Visto que o Japão é um arquipélago, viajar por mar sempre foi algo muito importante. Hoje em dia há várias pontes e túneis que tornam mais fácil a vida dos motoristas. As balsas continuam sendo populares, principalmente as linhas Aomori–Hokkaidô e Honshû–Kyûshû. Há viagens turísticas de barco para a maioria das ilhas famosas (Miyajima, Kashikojima etc.).

Expressando-se

de quanto tempo é a travessia?
渡るのにどれくらい時間がかかりますか。
uataru no ni dore kurai djikan ga kakarimas ka?

estou com enjoo
船酔いしました。

Compreendendo

funaioi chimachta
車なしでお乗りのお客様 *kuruma nachi de onori no okiakussama* — somente para passageiros a pé

次の便は … です *tsugui no bin ua … des* — próxima travessia às …

HOSPEDAGEM

ⓘ

Se você pretende visitar o Japão durante o feriado da **Golden Week** (a Semana de Ouro, que abrange o período de final de abril a começo de maio), em meados de agosto ou no período do Ano-Novo, reserve a hospedagem com vários meses de antecedência. Em geral, só se paga ao chegar lá. É sempre aconselhável entrar em contato com o Centro de Informações Turísticas do Japão.

Ryokan são pousadas tradicionais: os quartos são decorados com futons e tatames, e a comida é a tradicional japonesa. Os banheiros em geral são coletivos (separados em masculino e feminino) e contêm um enorme ofurô (em que você só entra depois de se lavar inteiramente), que com frequência é de águas termais (**onsen**). Os preços costumam ser por pessoa e não por quarto, e podem ficar acima de 30.000 ienes. Nessas pousadas tradicionais as tarifas em geral incluem o café da manhã e o jantar.

As grandes cadeias de hotéis como Prince Hotel, Myiako Hotel e Tokyu podem ser encontradas nas grandes cidades, em *resorts* no litoral e em *resorts* em zonas de esqui. Eles oferecem o mesmo tipo de serviço que é prestado em outros lugares do mundo, e os preços são ligeiramente mais altos do que nas pousadas tradicionais (**ryokan**).

Em áreas rurais existe a opção de hospedagem em pousadas pequenas, estilo pensão. Elas podem ser ao estilo ocidental (**penshon**) ou japonês (**minshuku**).

Os albergues da juventude não são propriamente baratos, custando entre 3.000-3.500 ienes o pernoite por pessoa num quarto masculino ou feminino. Você precisará da carteirinha de albergue da juventude, mas, caso ainda não a possua, poderá fazê-la em qualquer albergue do Japão.

Se você está planejando uma estadia longa, procure uma **gaijin house** (casa para hóspedes estrangeiros). O aluguel mensal tem um preço razoável e inclui eletricidade, água e gás. Não é necessário fazer depósito.

Há um grande número de *campings*, e é terminantemente proibido acampar em local aberto.

O básico

acomodação com cozinha	自炊 dji'ssui
albergue da juventude	ユースホステル iuussu <u>h</u>ossuteru
alugar	借りる kariru
aluguel	家賃 iatchin
banheiro	風呂場 furo ba
banheiro com chuveiro	シャワー付き chauaa tsuki
banho	（お）風呂 (o)furo
barraca	テント tento
bed and breakfast, pensão	朝食付き tchioochoku tsuki
cama	ベッド beddo
cama de casal	ダブルベッド daburu beddo
cama de solteiro	シングルベッド chinguru beddo
camping	キャンプ場 kiampu djioo
casa de campo	貸しロッジ kachi loddji
chave	鍵 kagui
chuveiro, ducha	シャワー chauaa
flat	アパート apaato
hotel	ホテル <u>h</u>oteru
locatário	借家人 chakuianin
meia pensão	2食付 ni choku tsuki
pensão completa	3食付 san choku tsuki
quarto de casal	ダブルルーム daburu luumu
quarto de solteiro	シングルルーム chinguru luumu
quarto familiar	ファミリールーム famirii luumu
reservar	予約する ioiaku suru
sanitários, toaletes	トイレ toire, お手洗い otearai
suíte	バス、トイレ付 bassu, toire tsuki
trailer	キャンピングカー kiampingu kaa
tudo incluído	全込み zembu komi
TV a cabo	ケーブルテレビ keeburu terebi

Expressando-se

tenho uma reserva
予約してあります。
ioiaku chite arimas

HOSPEDAGEM

o nome é ...
名前は ... です。
namae ua ... des

vocês aceitam cartão de crédito?
クレジットカードで払えますか。
kuredjitto kaado de haraemas ka?

Compreendendo

空室 *kuuchitsu*	quartos livres
満室 *manchitsu*	cheio
立入禁止 *tatchi'iri kinchi*	entrada proibida
受付 *uketsuke*, フロント *furonto*	recepção
お手洗い *otearai*, トイレ *toire*	sanitários, toaletes

パスポートを見せていただけますか。
passupooto o missete itadakemas ka?
posso ver seu passaporte, por favor?

この用紙にご記入ください。
kono ioochi ni gokiniuu kudassai
poderia preencher este formulário?

HOTÉIS

Expressando-se

há quartos disponíveis?
部屋はありますか。
heia ua arimas ka?

quanto é a diária de um quarto de casal?
ダブルルームは一泊いくらですか。
daburu luumu ua ippaku ikura des ka?

eu gostaria de reservar um quarto de casal/um quarto de solteiro
ダブルルーム・シングルルームを予約したいんですが。
daburu luumu/chinguru luumu o ioiaku chitai n des ga

para três noites
3泊。
sampaku

seria possível ficar uma noite a mais?
もう一晩泊まれますか。
moo hitoban tomaremas ka?

há quartos disponíveis para hoje à noite?
今夜、部屋は空いていますか。
komban, heia ua aite imas ka?

há quartos para famílias?
ファミリールームはありますか。
famirii luumu ua arimas ka?

seria possível colocar uma cama a mais?
もうひとつベッドを入れてもらえますか。
moo ritotsu beddo o irete moraemas ka?

posso ver o quarto primeiro?
先に部屋も見せてもらえますか。
saki ni heiao missete moraemas ka?

teria um quarto maior/mais tranquilo?
もっと大きな・静かな部屋はありますか。
motto ookina/chizukana heia ua arimas ka?

este está bom, fico com ele
これでいいです。お願いします。
kore de ii des. onegai chimas

poderia recomendar-me outros hotéis?
他のホテルを紹介してくれますか。
hoka no hoteru o chookai chite kuremas ka?

o café da manhã está incluído?
朝食は含まれていますか。
tchioochoku ua fukumarete imas ka?

a que horas é servido o café da manhã?
朝食は何時ですか。
tchioochoku ua nan dji des ka?

HOSPEDAGEM

tem elevador?
エレベーターはありますか。
erebeetaa ua arimas ka?

o hotel fica perto do centro da cidade?
ホテルは町の中心に近いですか。
hoteru ua matchi no tchiuuchin ni tchikai des ka?

a que horas o quarto vai ficar pronto?
何時に部屋に入れますか。
nan dji ni heia ni hairemas ka?

a chave do quarto ..., por favor
... 号室の鍵をください。
... goo chitsu no kagui o kudassai

posso ter um cobertor extra?
毛布をもう一枚もらえますか。
moofu o moo itchi mai moraemas ka

o ar-condicionado/aquecedor não está funcionando
エアコン・ヒーターが効きません。
eakon/hiitaa ga kikimassen

Compreendendo

申し訳ありませんが、満室です。
moochiuake arimassen ga, manchitsu des
sinto muito, mas estamos lotados

シングルルームしかございません。
chinguru luumu chika gozaimassen
só temos disponível um quarto de solteiro

何泊でしょうか。
nampaku dechoo ka?
para quantas noites?

お名前はなんとおっしゃいますか。
onamae ua nan to occhaimas ka?
qual é o seu nome, por favor?

チェックインは正午からです。
tchiekkuin ua choogo kara des
o check-in é a partir do meio-dia

11時までにチェックアウトをお願いいたします。
djiuu'iti dji made ni tchiekkuauto o onegai chimas
o check-out precisa ser feito antes das 11h da manhã

朝食はレストランで7時半から9時までです。
tchioochoku ua lessutoran de chitchi dji han kara ku dji made des
o café da manhã é servido no restaurante das 7h30 às 9h da manhã

朝、新聞をお届けいたしましょうか。
assa, chimbun o otodoke itachimachoo ka?
gostaria de um jornal pela manhã?

まだ部屋の準備ができておりません。
mada heia no djiumbi ga dekite orimassen
seu quarto ainda não está pronto

荷物はここに置いていただいて結構です。
nimotsu ua koko ni oite itadaite kekkoo des
pode deixar suas malas aqui

ミニバーはお使いになりましたか。
minibaa ua otsukai ni narimachta ka?
foi consumido algo do frigobar?

ALBERGUES DA JUVENTUDE

Expressando-se

tem vaga para duas pessoas para esta noite?
今夜、二人分空いていますか。
kon'ia futari bun aite imas ka?

reservamos duas camas para três noites
二人分、三泊の予約をしてあります。
futari bun, sampaku no ioiaku o chite arimas

será que eu poderia deixar minha mochila na recepção?
バックパックを受付で預かってもらえますか。
bakkupakku o uketsuke de azukatte moraemas ka?

tem algum lugar em que possamos deixar nossas bicicletas?
自転車を置く所はありますか。
djitencha o oku tokoro ua arimas ka?

voltarei lá pelas 7h
7時ごろ戻ってきます。
chitchi dji goro modotte kimas

não tem água quente
お湯が出ません。
oiu ga demassen

a pia está entupida
シンクが詰まっています。
chinku ga tsumatte imas

Compreendendo

会員証はお持ちですか。
kai-in choo ua omotchi des ka?
o(a) senhor(a)/você tem a carteirinha (de sócio)?

シーツはお貸しします。
chiitsu ua okachi chimas
fornecemos roupa de cama

ホステルは午後6時に開きます。
hossuteru ua gogo loku dji ni akimas
o albergue reabre às 6h da tarde

ACOMODAÇÃO COM COZINHA

Expressando-se

estamos procurando algo para alugar próximo à cidade
町に近いところを探しています。
matchi ni tchikai tokoro o sagachte imas

onde podemos pegar/deixar as chaves?
鍵はどこで受け取ればいいですか。・どこに返せばいいですか。
kagui ua doko de uketoreba ii des ka?/doko ni kaesseba ii des ka?

a eletricidade está incluída no preço?
電気代は料金に含まれていますか。
denki dai ua liookin ni fukumarete imas ka?

tem roupa de cama e de banho?
シーツとタオルは貸してもらえますか。
chiitsu to taoru ua kachte moraemas ka?

precisa de carro?
車が要りますか。
kuruma ga irimas ka?

a acomodação é adequada para pessoas de idade?
高齢者・お年寄りも利用しやすいですか。
kooreecha/otochi'iori mo li'ioo chi'iassui des ka?

onde fica o supermercado mais próximo?
近いスーパーはどこですか。
tchikai suupaa ua doko des ka?

Compreendendo

出発の前に家を掃除し、片付けてください。
chuppatsu no mae ni ie o soodji chi, katazukete kudassai
favor deixar a casa limpa e arrumada quando for embora

家具付です。
kagu tsuki des
a casa é totalmente mobiliada

料金に全て含まれています。
liookin ni subete fukumarete imas
tudo está incluído no preço

このあたりでは、車がどうしても必要です。
kono atari de ua, kuruma ga doochte mo hitsuioo des
realmente se precisa de um carro nessa parte do país

HOSPEDAGEM

CAMPING

Expressando-se

tem algum *camping* aqui perto?
この近くにキャンプ場はありますか。
kono tchikaku ni kiampu djioo ua arimas ka?

eu gostaria de reservar um espaço para uma barraca de duas pessoas para três noites
二人用テントの場所を３泊予約したいんですが。
futari ioo tento no bacho o sampaku ioiaku chitai n des ga

quanto é o pernoite?
一晩いくらですか。
hitoban ikura des ka?

onde ficam os chuveiros?
シャワー室はどこですか。
chauaa chitsu ua doko des ka?

podemos pagar, por favor? estávamos no espaço ...
支払いをしたいんですが。場所は ... です。
chiharai o chitai n des ga, bacho ua ... des

Compreendendo

お一人様、一晩につき ... です。
ohitori sama, hitoban ni tsuki ... des
custa ... por pessoa e por noite

何か御用がおありでしたら、いらっしゃってください。
nani ka goioo ga oari dechitara, iracchatte kudassai
se precisar de algo, basta vir e pedir

COMENDO E BEBENDO 🍽

Há uma enorme variedade de lugares onde comer no Japão, desde as cadeias de *fast-food* como **Mos Burger** e **Yoshinoya**, ou bares que servem macarrão e *sushi*, até estabelecimentos de alta qualidade que servem comida japonesa ou ocidental (é melhor visitá-los na companhia de um nativo). Quase todos os lugares ficam abertos sem intervalo das 10h às 22h. A maioria dos restaurantes se especializa em um tipo específico de comida (enguias, carne de porco frita, macarrão, *sushi* etc.) e tem boas ofertas (menus fixos) na hora do almoço.

Junto com a comida japonesa é mais comum servir-se o chá-verde do que água.

Geralmente se paga na saída, em dinheiro, e não é necessário deixar gorjeta.

O básico

água	水 mizu
água mineral	ミネラルウォーター mineraru uootaa
almoçar	昼食・昼ごはんを食べる tchiuuchoku/hirugohan o taberu
almoço	昼食 tchiuuchoku, 昼ごはん hirugohan
café	コーヒー koohii
café com leite	カフェオーレ kafe oore
café da manhã	朝食 tchioochoku, 朝ごはん assagohan
café preto	ブラックコーヒー burakku koohii
carta de vinhos	ワインリスト uain lissuto
cerveja	ビール biiru
chá	(verde) お茶 otchia; (preto) 紅茶 kootchia
Coca-cola®	コーラ koora
com gás	(água, vinho) 発泡性の happoossee no
comer	食べる taberu
conta	勘定書き kandjioogaki
entrada, aperitivo	前菜 zensai

fazer o pedido	注文する tchiuumon suru
garrafa	びん bin
jantar	夕食 iuuchoku, 夕飯 iuuhan, 晩ごはん bangohan
jantar (v)	夕食・夕飯を食べる iuuchoku/iuuhan o taberu
limonada	レモネード lemoneedo
menu	メニュー meniuu
menu fixo	定食 teechoku
pão	パン pan
pedido	注文 tchiuumon
prato principal	メインコース meen koossu
salada	サラダ sarada
sanduíche	サンドイッチ sandoitchi
sem gás	(água) ガスなし gassu nachi
serviço	サービス saabissu
sobremesa	デザート dezaato
suco de fruta	フルーツジュース furuutsu djiuussu
tomar café da manhã	朝食・朝ごはんを食べる tchioochoku/assagohan o taberu
vinho	ワイン uain
vinho branco	白ワイン chiro uain
vinho rosé	ロゼ loze
vinho tinto	赤ワイン aka uain

Expressando-se

vamos sair e comer alguma coisa?
どこかへ食事に行きましょうか。
doko ka e chokudji ni ikimachoo ka?

quer sair para beber alguma coisa?
飲みに行きませんか。
nomi ni ikimassen ka?

poderia me recomendar um bom restaurante?
いいレストランを教えてくれませんか。
ii lessutoran o ochiete kuremassen ka?

não estou com muita fome
あまり、おなかがすいていません。
amari onaka ga suite imassen

por favor! (*para chamar o garçom*)
すみません
sumimassen!

saúde!/tintim!
乾杯
kampai!

estava muito bom
とてもおいしかったです。
totemo oichikatta des

poderia nos trazer um cinzeiro, por favor?
灰皿をください。
haizara o kudassai?

onde ficam os toaletes, por favor?
お手洗い・トイレはどこですか。
otearai/toire ua doko des ka?

poderia me trazer garfo e faca, por favor?
ナイフとフォークをもらえませんか。
naifu to fooku o moraemassen ka?

Compreendendo

おしぼり *ochibori* — toalhinha umedecida
お持ち帰り *omotchikaeri* — (*comida*) para viagem

いただきます。
itadakimas
= frase pronta que se diz antes das refeições, equivale mais ou menos a "recebo com gratidão"

ごちそうさま。
gotchissoossama
= frase pronta que se diz após as refeições, equivale mais ou menos a "obrigado(a) pela comida"

申し訳ございません。11時で終わりになります。
moochiuake gozaimassen. djiuu'itchi dji de ouari ni narimas
desculpe, mas encerramos o serviço às 11h da noite

COMENDO E BEBENDO

RESERVANDO UMA MESA

Expressando-se

eu gostaria de reservar uma mesa para amanhã à noite
明日の晩の予約をしたいんですが。
achta no ban no ioiaku o chitai n des ga

para duas pessoas
二人分。
futari bun

para as 8h mais ou menos
8時頃。
hatchi dji goro

teria uma mesa disponível um pouco mais cedo do que isso?
それより早い時間に空いている席はありませんか。
sore iori haiai djikan ni aite iru seki ua arimassen ka?

reservei uma mesa – o nome é ...
席を予約してあります。名前は ... です。
seki o ioiaku chite arimas. namae ua ... des

Compreendendo

予約席 ioiaku seki
reservado

何時でしょうか。
nan dji dechoo ka?
para que horas?

何名様でしょうか。
nam mee sama dechoo ka?
para quantas pessoas?

お名前は。
onamae ua?
em nome de quem?

タバコはお吸いになりますか。
tabako ua ossui ni narimas ka?
fumante ou não fumante?

予約はしていらっしゃいますか。
ioiaku ua chite iracchaimas ka?
o(a) senhor(a)/você tem reserva?

あの隅のテーブルでよろしいでしょうか。
ano sumi no teeburu de iorochii dechoo ka?
essa mesa no canto está bem para vocês?

申し訳ございません、いっぱいです。
moochiuake gozaimassen, ippai des
desculpe, mas estamos lotados no momento

PEDINDO A COMIDA

Expressando-se

sim, gostaríamos de fazer o pedido
はい、決まりました。
hai, kimarimachta

não, poderia nos dar mais alguns minutos?
もう少し待ってくれますか。
moo sukochi matte kuremas ka?

eu gostaria ...
... をお願いします。
... o onegai chimas

será que eu poderia ter ...?
... をもらえますか。
... o moraemas ka?

não sei bem, o que é "sôba"?
よく分からないんですが、そばって何ですか。
ioku uakaranai n des ga, soba tte nan des ka?

vou querer isto
あれにします。
are ni chimas

isto vem com verduras/legumes?
野菜はついてきますか。
iassai ua tsuite kimas ka?

qual é o prato do dia?
今日のお奨めは何ですか。
kioo no ossussume ua nan des ka?

quais sobremesas vocês têm?
デザートはどんなものがありますか。
dezaato ua don'na mono ga arimas ka?

sou alérgico(a) a amendoim/trigo/frutos do mar/frutas cítricas
ナッツ・小麦・魚介類・かんきつ類にアレルギーがあります。
nattsu/komugui/guiokairui/kankitsurui ni areruguii ga arimas

água, por favor
お水をください。
omizu o kudassai

COMENDO E BEBENDO

53

uma garrafa de vinho tinto/branco
赤・白ワインを一本。
aka/chiro uain o ippon

isto é para mim
それは私のです。
sore ua uatachi no des

não foi isto que pedi, eu queria …
私が注文したのはそれじゃありません。… です。
uatachi ga tchiuumon chita no ua sore djia arimassen … des

poderia nos trazer mais chá, por favor?
お茶をもう少しもらえますか。
otchia o moo sukochi moraemas ka?

poderia nos trazer outra jarra de água, por favor?
お水をもっとください。
omizu o motto kudassai?

Compreendendo

ご注文はお決まりでしょうか。
gotchiuumon ua okimari dechoo ka?
já escolheram?

少ししてから、また参ります。
sukochi chite kara, mata mairimas
volto daqui a pouco

申し訳ございません。… は終わってしまいました。
moochiuake gozaimassen … ua ouatte chimaimachta
desculpe, não temos mais …

お飲みものは何になさいますか。
onomimono ua nan ni nassaimas ka?
o que deseja para beber?

デザートかコーヒーはいかがですか。
dezaato ka koohii ua ikaga des ka?
gostaria de pedir sobremesa ou café?

いかがでしたか。
ikaga dechta ka?
estava tudo certo?

BARES E CAFÉS

ⓘ

Os estabelecimentos tradicionais para se bebericar variam entre os bares japoneses tradicionais (**izakaya**) e os modernos cafés mangás (onde se podem ler revistas em quadrinhos). Não podemos nos esquecer ainda dos salões de chá e dos *hostess bars* (bares em que os clientes são unicamente atendidos por mulheres). O álcool desempenha um papel estratégico na cultura japonesa, ajudando a destravar a língua e a se livrar de alguns dos entraves sociais – na verdade, ir ao **izakaya** ou **sunakku** (bares ao estilo ocidental) constitui parte essencial na vida de qualquer executivo que se preze. As pessoas costumam sair entre 21h e meia-noite. A idade a partir da qual é permitido tomar bebidas alcoólicas no Japão é de 20 anos.

Os cafés (**kissaten**) servem bolos ao estilo ocidental e refeições leves, bem como drinques. Alguns são bastante estilosos e têm música ambiente (por exemplo, *jazz* ou música clássica). Eles são bem caros, mas neles você poderá ficar à vontade, pelo tempo que quiser, aproveitando o ambiente. O **môningu setto** (*kit* de café da manhã) é uma boa ideia para o café da manhã: chá, café, torradas e às vezes um ovo cozido. Redes de cafeterias como Starbucks, Mr. Donuts e a japonesa Doutor são agora comuns e bem mais baratas do que os **kissaten**.

Expressando-se

eu queria ...
... にします。
... *ni chimas*

uma Coca-cola®/uma Coca-cola® *diet*
コーラ・ダイエットコーラ。
koora/daietto koora

uma taça de vinho branco/tinto
白・赤のグラスワイン。
chiro/aka no gurassu uain

um café puro/com leite
ブラックコーヒー・カフェオーレ。
burakku koohii/kafe oore

uma xícara de chá
紅茶。
kootchia

um café com torrada
コーヒーとトースト。
koohii to toossuto

uma xícara de chocolate quente
ココア。
kokoa

outro(a), por favor
同じものをお願いします。
onadji mono o onegai chimas

um *kit* de café da manhã, por favor
モーニングセットをお願いします。
mooningu setto o onegai chimas

Compreendendo

アルコールなしの
arukooru nachi no
sem álcool

何を召し上がりますか。
nani o mechiagarimas ka?
o que deseja?

ここは禁煙席でございます。
koko ua kin'en seki de gozaimas
esta é a área de não fumantes

今、お支払いいただけますか。
ima, ochiharai itadakemas ka?
posso lhe pedir para pagar agora, por favor?

Algumas expressões informais

おなかいっぱい。 *onaka ippai* estou satisfeito(a)
おなかぺこぺこ。 *onaka pekopeko* estou morrendo de fome
酔っ払っちゃった。 *iopparatchatta* estou bêbado(a)
二日酔いだ。 *futsukaioi da* estou de ressaca

A CONTA

Expressando-se

a conta, por favor
お勘定、お願いします。
okandjioo onegai chimas

quanto lhe devo?
おいくらですか。
oikura des ka?

vocês aceitam cartão de crédito?
クレジットカードで払えますか。
kuredjitto kaado de haraemas ka?

acho que tem um erro na conta
計算が間違っているんじゃないかと思うんですが。
keessan ga matchigatte iru n djia nai ka to omou n des ga

o serviço está incluído?
サービス料込みですか。
saabissu li'ioo komi des ka?

podemos pagar separadamente?
別々に払えますか。
betsubetsu ni haraemas ka?

vamos dividir a conta
割り勘にしましょう。
uarikan ni chimachoo

Compreendendo

お会計はご一緒にされますか。
okaikee ua goiccho ni saremas ka?
vocês vão pagar tudo junto?

はい、サービス料込みです。
hai, saabissu li'ioo komi des
sim, o serviço está incluído

COMENDO E BEBENDO

57

COMIDA E BEBIDA

Diferentemente da cozinha europeia, em que a ênfase é na mistura total de ingredientes, a comida japonesa é voltada à justaposição dos elementos diversos. É muito refinada e os deliciosos sabores são acompanhados de cuidadosa apresentação.

O tradicional café da manhã japonês (geralmente servido a partir das 7h) pode incluir arroz (geralmente misturado com um ovo cru), **missoshiru** (sopa feita com pasta de soja fermentada), **nori** (alga), **tofu** (queijo de soja), grãos de soja fermentados (**nattô**) e peixe seco. Porém, o café da manhã ao estilo ocidental com café, pão e geleia está se tornando cada vez mais comum. O almoço é sempre um lanche rápido, feito entre 12h e 13h num restaurante barato. A tradicional marmita, conhecida como **bentô**, é muito popular e pode ser caseira, comprada na rua ou em **kombini** (lojas de conveniências). Desde que as condições de trabalho assim o permitam, as famílias saem juntas por volta das 19h, para um jantar substancioso.

Os japoneses praticamente não comiam carne até a era Meiji (1868-1912), embora comessem peixes e aves. Entretanto, o vegetarianismo (**saishoku shugi**) não é comum hoje em dia no Japão, apesar da longa tradição da comida vegetariana budista (**shôjin ryôri**). Muitos pratos japoneses contêm pequenas porções de peixe ou carne (principalmente presunto ou *bacon*, que podem não ser considerados carne); pedaços de atum são usados em caldos para sopas e outros pratos. Você pode tentar pedir um prato sem determinado ingrediente X (X **nashi**).

Compreendendo

ゆでた *iudeta*	cozido(a)
パン粉をまぶした *panko o mabuchta*	à milanesa
こんがり焼いた *kongari iaita*	dourado(a)
炭火で焼いた *sumibi de iaita*	grelhado(a)
冷たい *tsumetai*	frio(o), gelado(a)
揚げた *agueta*	bem frito(a)

角切りにした kakuguiri ni chita	em cubos
乾燥させた kansoo sasseta	seco(a)
詰めた tsumeta	recheado(a)
辛い karai	apimentado(a), picante
ミディアムの midiamu no	ao ponto (carne)
溶かした tokachta	derretido(a)
オーブンで焼いた oobun de iaita	assado(a)
レアの lea no	malpassado(a) (carne)
スライスした suraissu chita	fatiado(a)
薫製の kunsee no	defumado(a)
炒めた itameta	frito(a)
甘い amai	doce
ウェルダンの uerudan no	bem passado(a) (carne)

◆ Condimentos, especiarias e conservas

塩 chio	sal
コショウ kochoo	pimenta
醤油 chooiu	molho de soja
味噌 misso	missô, pasta de soja fermentada
酢 su	vinagre japonês (ligeiramente adocicado)
ワサビ uassabi	wasabi, pasta de raiz-forte (bem picante!)
漬け物 tsukemono	picles (pepino, rábano, acelga em salmoura, molho de soja, vinagre, missô etc.)
紅しょうが beni chooga	conserva de gengibre com vinagre
梅干 umebochi	conserva de ameixa
油 abura	óleo
ごま油 goma abura	óleo de gergelim
オリーブオイル oriibu oiru	azeite de oliva

◆ Arroz e pratos à base de arroz

O arroz é a comida básica do Japão. É costume servir-se sempre uma tigela de arroz com todo tipo de refeição. O arroz também pode vir pressionado em formas triangulares (**onigiri**), embrulhado em alga (**nori**), ou na forma de **sushi**. O sufixo **don** em um substantivo que designa uma comida indica que ela é servida numa tigela de arroz branco (**katsudon**, **gyûdon**, **tendon** etc.). O **bentô** (espécie de marmita) é uma comida pronta ideal (pois dá para levar para viagem); é ótimo também para levar em piqueniques. As esposas ou mães japonesas tradicionais em geral preparam-no toda manhã para seus maridos ou filhos. Também é possível comprar o bentô em pequenas lojas e quiosques de estações de trem.

ご飯 gohan	arroz branco cozido
米 kome	arroz (cru)
玄米 gen'mai	arroz integral
おにぎり oniguiri	bolinho de arroz envolto em alga (nori) com vários recheios diferentes, como ameixa em conserva e salmão
弁当 bentoo	espécie de marmita contendo arroz e uma pequena variedade de outros pratos
海苔 nori	folhas de algas secas, usadas para enrolar sushi e oniguiri (bolinho de arroz); também se usa picá-las finamente e polvilhá-las sobre os pratos
どんぶり domburi	tigela grande de arroz coberta com diferentes tipos de acompanhamentos
カツ丼 katsudon	tigela grande de arroz coberta com costeleta de porco à milanesa
牛丼 guiuudon	tigela grande de arroz coberta com finas fatias de carne de vaca com molho de soja
天丼 tendon	tigela grande de arroz coberta com tempurá (pedaços fritos de vegetais, peixe e camarões ligados por uma massa fininha)
親子丼 oiakodon	tigela grande de arroz coberta com frango e ovos mexidos
卵丼 tamagodon	tigela grande de arroz coberta com ovos mexidos e vegetais

五目ご飯 gomoku gohan	arroz branco com vegetais picados, ovos etc.
チャーハン tchiaahan	arroz frito, geralmente com carne e vegetais
お茶漬け otchiazuke	arroz sobre o qual se derrama chá-verde quente
オムライス omuraissu	espécie de omelete recheado de arroz com catchup
お粥 okaiu	espécie de mingau de arroz que se dá aos idosos e doentes
もち motchi	bolinhos de arroz que se consomem com molho de soja ou com uma pasta adocicada de feijão-azuqui

◆ **Sopas e ensopados**

Diferentemente do **nabe**, que é uma espécie de ensopado e é consumido como uma refeição por si só, o missoshiru geralmente é servido como uma parte da refeição.

味噌汁 missochiru	sopa feita à base de diferentes tipos de pasta de soja fermentada. Os ingredientes, incluindo vegetais, algas, frutos do mar e tofu, podem variar de acordo com a estação. As diferentes regiões têm suas próprias especialidades.
鍋料理 nabe lioori	ensopado com vegetais, carne de porco ou de vaca, peixe e crustáceos
ちゃんこ鍋 tchianko nabe	ensopado de carne e legumes, famoso por ser servido aos lutadores de sumô

COMIDA E BEBIDA

◆ Frutas, verduras e legumes

As frutas, verduras e legumes podem apresentar tamanhos e tipos diferentes do que conhecemos. Frutas e verduras orgânicas são bastante raras. O **daikon** (espécie de nabo de pelo menos 30 cm de comprimento) é um legume importante na culinária japonesa, e é consumido de várias formas: cozido, no missoshiru, cru e fatiado, em saladas, ou, ainda, ralado e misturado com molho de soja. O repolho (**kyabetsu**) também é comum, e é usado picado em saladas. As batatas (**jagaimo**) figuram principalmente em um prato adorado pelas crianças, **karê raisu** (arroz com *curry*), que além de batatas leva carne e cenoura num molho denso e suave de *curry*, servido com arroz. As batatas-doces (**satsumaimo**) são bem populares e, no inverno, são tradicionalmente vendidas por ambulantes em carrinhos de rua.

As frutas são cultivadas, selecionadas e apresentadas com grande primor. Em geral, são bem grandes e vendidas a preços exorbitantes. Quase sempre são servidas sem casca, inclusive as uvas.

根菜 konsai	tubérculos
大根 daikon	nabo
ニンジン nindjin	cenoura
タマネギ tamanegui	cebola
ネギ negui	cebolinha
ゴボウ goboo	bardana
ジャガイモ djiagaimo	batata
サツマイモ satsumaimo	batata-doce
サトイモ satoimo	cará
緑黄色野菜 liokuoochoku iassai	verduras
キャベツ kiabetsu	repolho
カリフラワー karifurauaa	couve-flor
白菜 hakussai	acelga
ナス nassu	berinjela
ズッキーニ zukkiini	abobrinha
キュウリ kiuuri	pepino
ほうれん草 hoorensoo	espinafre

かぼちゃ kabotchia	abóbora
竹の子 takenoko	broto de bambu
きのこ kinoko	cogumelos
椎茸 chiitake	shitake, cogumelo escuro de sabor acentuado, também encontrado seco
シメジ chimedji	shimeji, cogumelo marrom-cinzento de haste longa
松茸 matsutake	espécie de cogumelo muito procurado e muito caro
エノキ enoki	espécie de cogumelo pequeno e branco de haste bem longa
ナメコ nameko	pequeno cogumelo de cor dourada
豆 mame	feijões
サヤインゲン saia inguen	vagem
インゲン豆 inguen mame	vagem ou feijão-verde
グリンピース gurinpiissu	ervilhas
そら豆 sora mame	fava
大豆 daizu	soja
種 tane	semente, grão
ごま goma	gergelim
栗 kuri	castanha
果物 kudamono	fruta
フルーツ furuutsu	fruta
トマト tomato	tomate
レモン lemon	limão
オレンジ orendji	laranja
ミカン mikan	tangerina
グレープフルーツ gureepufuruutsu	toranja, *grapefruit*
ブドウ budoo	uva
リンゴ lingo	maçã
梨 nachi	pera
柿 kaki	caqui
メロン meron	melão
苺 itchigo	morango
梅 ume	ameixa

COMIDA E BEBIDA

◆ Carne

> A carne é muito popular no Japão, e é servida de diversos modos: cozida com legumes (**sukiyaki**), em espetinhos, empanada e frita e até mesmo crua.
>
> Pequenos pedaços de carne são preparados em espetos de bambu e grelhados em fogo a lenha – esses espetinhos geralmente não vêm acompanhados de arroz, mas você poderá solicitá-lo à parte na forma de **onigiri** (veja o item sobre arroz).
>
> O **sukiyaki** é preparado na mesa. Primeiro se faz uma espécie de molho numa panela de ferro fundido, depois são adicionados aos poucos os vegetais e o tofu. Em seguida são acrescentadas as tiras de carne a serem cozidas.

肉 *niku*	carne
…の肉 *… no niku*	… carne
牛肉 *guiuuniku*, ビーフ *biifu*	carne de vaca
松阪牛 *matsuzaka guiuu*	carne de vaca de alta qualidade, largamente conhecida como bife Kobe
豚肉 *butaniku*, ポーク *pooku*	carne de porco
鶏肉 *toriniku*, チキン *tchikin*	frango
馬肉 *baniku*, さくら肉 *sakuraniku*	carne de cavalo (*servida crua ou defumada, uma especialidade de Sakuraniku, região de Shinshû, atual província de Nagano*)
鹿の肉 *chika no niku*	carne de veado (*servida crua ou cozida em ensopado, bastante popular no norte do Japão*)
猪の肉 *inochichi no niku*, ぼたん *botan*	carne de javali
ハム *hamu*	presunto
ベーコン *beekon*	bacon
焼き鳥 *iakitori*	espeto de frango
焼き肉 *iakiniku*	carne grelhada

串カツ kuchikatsu — espeto de carne de porco e vegetais, empanados e fritos (*uma especialidade de Osaka*)

ミートボール miito booru — espécie de almôndega

すき焼き suki'iaki — sukiyaki, carne de vaca, tofu e vegetais preparados à mesa e acrescidos de ovo cru batido

しゃぶしゃぶ chabuchabu — fatias finas de carne de vaca e vegetais preparados à mesa num caldo de peixe e algas, com molho de soja, aromatizado com suco de frutas cítricas, sementes de gergelim etc.

◆ Ovos

卵 tamago — ovo

生卵 nama tamago — ovo cru

ゆで卵 iude tamago — ovo cozido

半熟卵 handjiuku tamago — ovo ligeiramente cozido/ovo quente

卵焼き tamago iaki — fatias de omelete doce enrolada, aromatizadas com molho de soja e servidas sobre *sushi* ou nos pratos do bentô

目玉焼き medama iaki — ovo frito

温泉卵 onsen tamago — espécie de ovo *poché* preparado em caldo de peixe, com molho de soja e um vinho de arroz adocicado (*mirin*)

オムレツ omuretsu — omelete

茶碗蒸し tchia uan muchi — saboroso creme de ovos com vegetais, ovo de codorna, cogumelos etc. servido em tigelinhas

ウズラの卵 uzura no tamago — ovo de codorna

COMIDA E BEBIDA

◆ Frituras

O tempurá, prato feito com peixe e legumes empanados e fritos, é um dos raros pratos tradicionais que tiveram sua origem no Ocidente: a fritura foi introduzida no Japão pelos portugueses no século XVI. O **tempura têshoku** (prato pronto com tempurá) consiste numa seleção de cinco ou seis pedaços de peixe, camarões e legumes imersos em molho de soja com nabo (**daikon**) e servidos num guardanapo de papel. É acompanhado de missoshiru, arroz e vegetais em conserva.

天ぷら *tempura*	peixe, camarões e vegetais empanados e fritos
トンカツ *tonkatsu*	costeleta de porco à milanesa
エビフライ *ebi furai*	camarões empanados e fritos
カキフライ *kaki furai*	ostras empanadas e fritas
コロッケ *korokke*	croquetes de batata e carne moída

◆ Soja

A soja é outra parte essencial da dieta japonesa. É muito saudável já que tem baixo valor calórico e é rica em proteínas. Ela é a base de todos os pratos vegetarianos preparados pelos monges budistas (**shôjin ryôri**). É preparada de diversas formas: como molho (**shôyu**), como grãos fermentados (**nattô**), como uma espécie de queijo coalho (**tôfu**) ou como pasta fermentada (**miso**). O tofu é consumido puro ou em sopas, dependendo da estação. Também é servido frio, polvilhado com gengibre e guarnecido de cebolinha finamente picada e molho de soja, ou então frito.

しょう油 *chooiu*	molho de soja
味噌 *misso*	missô, pasta de soja fermentada
豆腐 *toofu*	tofu
冷や奴 *hi'iaiakko*	tofu frio
揚げ出し豆腐 *aguedachidoofu*	tofu frito
納豆 *nattoo*	grãos de soja fermentados

もやし *moiachi*	brotos de feijão
枝豆 *edamame*	grãos frescos de soja verde, em vagens, cozidos e levemente salgados, servidos com cerveja (*precisam ser retirados das vagens na hora de comer*)
豆乳 *tooniuu*	leite de soja
精進料理 *choodjin lioori*	cozinha vegetariana dos monges budistas

◆ Peixe cru e frutos do mar

Existe uma enorme variedade de peixes no Japão, muitos dos quais não são encontrados no Ocidente. Eles são com frequência consumidos crus (**sashimi**). O seu frescor é bastante fiscalizado tanto nos restaurantes como nos supermercados. Nos restaurantes chamados すし屋 (**sushiya**), *sushi bar*, o preço do *sushi* varia bastante de acordo com a forma de apresentação, que pode ser na esteira rolante ou *à la carte*. Nos menus *à la carte* a comida pode ser de altíssima qualidade, mas com preços equivalentes. Um **moriawase**, ou seleção típica, inclui em geral 18 itens. No **kaitenzushi**, você pega os pratos que passam por você em uma esteira rolante e, após consumi-los, vai empilhando-os a seu lado. A conta é calculada com base no número e nas cores dos pratinhos que você tiver juntado.

刺身 *sachimi*	fatias de peixe cru mergulhadas em molho de soja e acompanhadas de *wassabi* (*pasta de raiz-forte*)
にぎり寿司 *niguirizuchi*	fatias de peixe, frutos do mar ou omelete sobre bolinhos de arroz
巻き寿司 *makizuchi*	rolinhos de arroz recheados com peixe, omelete, cogumelos etc. envoltos em algas (*nori*) e fatiados
ちらし寿司 *tchirachi zuchi*	*sushi chirashi*, prato frio de arroz temperado com um pouco de vinagre e coberto com cenouras, pepinos, cogumelos, peixe, tiras de omelete, alga etc.

マグロ maguro	atum
赤身 akami	pedaço menos gordo (e mais barato) do atum
トロ toro	parte gorda do atum
鮭 sake	salmão
タイ tai	dourada
エビ ebi	camarão
イカ ika	lula
タコ tako	polvo
鯖 saba	cavala
アナゴ anago	congro
鰻 unagui	enguia
ウニ uni	ouriço-do-mar
アワビ auabi	abalone
牡蠣 kaki	ostra
ホタテ貝 hotate gai	vieira
たらこ tarako	ovas de bacalhau
いくら ikura	ovas de salmão
めざし mezachi	sardinhas secas
ししゃも chichamo	peixinhos secos
クラゲ kurague	água-viva

◆ Alga

A alga é um alimento muito comum no Japão, rica em minerais, e cada tipo é usado de diferentes formas.

のり nori	em geral é usada em folhas secas para envolver o *sushi* ou picada sobre pratos à base de arroz
わかめ uakame	usada principalmente no missoshiru ou servida com o macarrão chinês (*laamen*)
昆布 kombu	usada para fazer caldos, juntamente com pedaços de bonito (*uma variedade do atum*)

◆ Macarrão

Os macarrões feitos de trigo sarraceno ou trigo comum são muito populares. Eles são consumidos quentes ou frios, de acordo com o tipo e a estação. O **râmen** vem da China, ao passo que o **udon** e o **soba** são originários do Japão. Toda cidade ou região tem a sua própria especialidade de **râmen**.

そば soba	macarrão de trigo sarraceno, servido quente no caldo ou então gelado numa bandeja de bambu, coberto com a alga *nori* e servido com caldo à base de soja
うどん udon	macarrão grosso feito de trigo, servido num caldo de carne e vegetais
きつねうどん kitsune udon	macarrão grosso feito de trigo, coberto com tofu adocicado frito e cebolinhas
ラーメン laamen	macarrão chinês, servido no caldo
そうめん soomen	macarrão fino feito de trigo, servido frio no verão
味噌ラーメン misso laamen	macarrão chinês num caldo feito com missô, pasta de soja fermentada (*uma especialidade de Hokkaidô*)
豚骨ラーメン tonkotsu laamen	macarrão chinês num caldo feito com ossos de porco (*uma especialidade de Kyûshû*)
しょう油ラーメン chooiu laamen	macarrão chinês num caldo à base de molho de soja (*uma especialidade da região de Tóquio*)
長崎チャンポン nagassaki tchiampon	macarrão com frutos do mar (*uma especialidade da região de Nagasaki*)
焼そば iakissoba	macarrão frito com carne, vegetais e um molho especial à base de *shoyu*
餃子 guiooza	guioza, bolinhos chineses feitos no vapor ou fritos, com recheio de carne de porco moída, repolho,

COMIDA E BEBIDA

cebolinha e especiarias, servidos com um molho à base de molho de soja (*shoyu*) e vinagre

◆ **Okonomyiaki**

Okonomyiaki é uma especialidade de Hiroshima e Osaka, uma mistura de panqueca grande e *pizza*, preparada numa chapa quente e de diferentes modos nas duas cidades. Em Hiroshima, a panqueca (feita de ovos batidos, farinha e água) é coberta com uma variedade de repolho picado e outros vegetais, carne e/ou camarões, e em geral acrescida de macarrão frito (**yakisoba**); um ovo é quebrado por cima de tudo, que em seguida é virado para que o ovo cozinhe. Em Osaka, os vegetais e a carne são misturados na massa da panqueca. **Okonomyiaki** é servido com um molho espesso e picante, polvilhado de alga **nori** seca e lascas de **katsuobushi** (bonito, uma variedade do atum, seco).

◆ **Cozinha sazonal formal (kaiseki ryôri)**

Kaiseki ryôri é a cozinha sazonal formal japonesa de alta classe, oriunda de Quioto. Originalmente, era uma refeição leve composta de dois ou três pratos vegetarianos que acompanhavam a cerimônia do chá, porém, com o passar dos séculos, ela evoluiu para uma refeição de diferentes pratos de peixes pequenos, como o peixe cru (**sashimi**), o **tempurá**, peixes grelhados, vegetais, sopas e arroz. As pessoas vão aos restaurantes **kaiseki ryôri** em ocasiões especiais, visto que a comida demora para ser preparada, além de ser cara. Alguns dos pratos mais caros e procurados são o **fugu** (peixe-globo), baleia, caranguejo, enguia e ouriço-do-mar. Os órgãos internos do **fugu** contêm um veneno mortal, e, por isso, esse peixe só pode ser servido em restaurantes cujos chefes de cozinha têm uma licença especial. Ele é consumido como **sashimi** ou na forma de **nabe** (ensopado). As enguias são consumidas principalmente no verão, quando – acredita-se – elas ajudam a combater a letargia causada pelo tempo úmido. Nos restaurantes especializados (**unagiya**) elas são cozidas em fatias e servidas com um molho doce.

ウナギ *unagui* — enguia grelhada
うなぎ屋 *unagui'ia* — restaurante que serve enguias
うな重 *unadjiuu* — enguia servida numa bandeja de laca sobre arroz cozido
ふぐ *fugu* — peixe-globo
伊勢エビ *isse ebi* — lagosta
カニ *kani* — caranguejo
スッポン *suppon* — tartaruga de carapaça mole
鯨 *kudjira* — baleia
ナマズ *namazu* — bagre
生き造り *ikizukuri*, — peixe servido inteiro e vivo, sendo que as fatias de sua carne
活け造り *ikezukuri* — são cortadas e postas de volta no lugar

◆ Confeitaria, biscoitos e bolachas

> Embora o Japão não tenha propriamente uma tradição em termos de sobremesas, possui bolos e doces típicos, chamados de **wagashi**. Na cerimônia do chá são servidos uns bolinhos feitos de arroz (**mochi**) e pasta doce de feijão (**anko**). Há também uma grande variedade de saborosos biscoitos de arroz (**sembê**), que são consumidos como lanche.

せんべい *sembee* — biscoitos de arroz
もち *motchi* — bolinhos de arroz
あんこ *anko* — pasta doce, geralmente feita com feijão-azuqui
お汁粉 *ochiruko* — sobremesa feita com feijão-azuqui e um molho, contendo ainda pedaços de bolinhos de arroz (*motchi*)
まんじゅう *mandjiuu* — bolinhos com vários tipos de recheio, a maioria com pasta doce de feijão-azuqui
羊羹 *iookan* — pasta de feijão-azuqui em barra

COMIDA E BEBIDA

◆ Doces para o verão

カキ氷 *kakigoori* フラッペ *furappe*	raspas de gelo cobertas com calda de frutas, pasta doce de feijão-azuqui, chá-verde ou sorvete
ところてん *tokoroten*	macarrão feito de geleia de algas, consumido com vinagre na região de Tóquio, e com calda doce na região de Kansai (Osaka/Quioto/Kobe)
水羊羹 *mizu iookan*	geleia feita de algas e feijão-azuqui, porém menos doce do que o *iookan*, a pasta de feijão em barra

◆ Bebidas alcoólicas

> A cerveja se popularizou no Japão desde o final da Segunda Guerra Mundial. As três marcas principais são **Asahi**, **Sapporo** e **Kirin**. Há dois tipos de vinho de arroz, ou **nihonshu**: o doce (**amakuchi**) e o seco (**karakuchi**). A palavra **sake** (saquê), refere-se tanto ao álcool (bebida alcoólica) em geral como ao vinho de arroz. Assim, a palavra **nihonshu** (vinho de arroz) é usada para fazer a distinção. Há mais de 2.500 tipos diferentes de saquê, com variação da qualidade e do teor alcoólico. Ele pode ser bebido frio (**hiya**) ou quente (**atsukan**), e é sempre servido em copinhos chamados **sakazuki**, o que significa que é preciso enchê-los a todo momento! Não é considerado educado servir-se da bebida quando se está acompanhado; se você servir a bebida a outra pessoa, essa pessoa lhe retribuirá o favor.

飲み物 *nomimono*	drinque
居酒屋 *izakaia*	bar tradicional japonês
酒 *sake*	álcool (bebida alcoólica); saquê, vinho de arroz
日本酒 *nihonchu*	saquê, vinho de arroz
甘口 *amakutchi*	saquê doce
辛口 *karakutchi*	saquê seco
あつかん *atsukan*	saquê quente
ひや *hi'ia*	saquê gelado

大吟醸酒 *dai guindjioo chu* — saquê puro e de alta qualidade feito com arroz polido

焼酎 *chootchiuu* — destilado similar à vodca

◆ Chá

O chá-verde é uma verdadeira especialidade japonesa. Há uma infinidade de variedades de chá-verde, sendo que algumas podem custar uma fortuna. As melhores folhas de chá são protegidas do sol durante o crescimento e, então, são cuidadosamente colhidas e moídas. Na cerimônia do chá (**chanoyu** ou **sadô**), esse pó é misturado à água com uma vareta de bambu chamada **chasen**, até formar uma espuma. Antes de beber o chá, você deve girar o pote nas mãos por três vezes, com o intuito de admirar sua beleza. No dia a dia, em vez de água bebe-se chá-verde fraco. Nos restaurantes ele é servido automaticamente, ainda que não se peça. Nos cafés, salões de chá ou lanchonetes são servidos diversos tipos de chás importados, principalmente o chá-preto.

緑茶 *liokutchia*	chá-verde
紅茶 *kootchia*	chá-preto
ウーロン茶 *uuron tchia*	chá oolong (*chinês*)
玉露 *guiokuro*	chá-verde de alta qualidade com um sabor intenso e levemente adocicado
抹茶 *matchia*	chá-verde em pó, usado na cerimônia do chá
煎茶 *sen tchia*	variedade mais popular do chá-verde fraco
茎茶 *kuki tchia*	chá-verde bem leve, feito com os talos
ほうじ茶 *hoodji tchia*	chá-verde torrado
玄米茶 *gen'mai tchia*	chá-verde misturado com arroz integral torrado
麦茶 *mugui tchia*	chá de cevada (*servido gelado no verão*)

COMIDA E BEBIDA

PASSEANDO

A revista **Metropolitan**, em língua inglesa, contém informações sobre filmes e peças de teatro em cartaz em Tóquio. Ela sai toda sexta-feira e pode ser adquirida em grandes lojas de discos como **Tower Records** e **HMV** ou, ainda, em alguns bares.

Os cinemas são bem caros e menos comuns do que na Europa. Uma atividade mais popular é o **karaokê**. No Japão, há estabelecimentos com pequenas salas onde as pessoas se encontram para beber e conversar, assim como para cantar para os amigos. O repertório inclui música *pop* japonesa e músicas em inglês.

Se tiver oportunidade, vá assistir a uma das formas do antigo teatro japonês, o **noh** e o **kabuki**.

Os japoneses têm a tendência de levar uma vida social fora de casa, ou seja, encontrando os amigos em bares e restaurantes; é raro que o local de entretenimento seja a própria casa. Ainda assim, se você for convidado a ir à casa de alguém, lembre-se de levar uma lembrancinha, chegue na hora e não se esqueça de tirar os sapatos na entrada! Os anfitriões vão lhe fornecer chinelos para usar na casa, mas você também deve descalçá-los antes de pisar no **tatame**.

O básico

balé	バレエ *baree*
banda	バンド *bando*
bar	バー *baa*, スナック *sunakku* (o "baa" tem anfitriãs e pode ser bem caro)
boate	クラブ *kurabu* (a maioria das boates japonesas é como um "hostess bar" ligeiramente mais sofisticado)
cinema	映画館 *eegakan*
circo	サーカス *saakassu*
concerto	コンサート *konsaato*

dança moderna	モダンダンス *modan dansu*
festa	パーティー *paatii*
festival	祭り *matsuri*, フェスティバル *fessutibaru*
filme	映画 *eega*
filme dublado	吹き替えされた映画 *fukikaessareta eega*
filme legendado	字幕付き映画 *djimaku tsuki eega*
grupo	団体 *dantai*, グループ *guruupu*
ingresso	チケット *tchiketto*, 切符 *kippu*
jazz	ジャズ *djiazu*
música clássica	クラシック *kurachikku*
música *pop*	ポップス *poppussu*
musical	ミュージカル *miuudjikaru*
peça de teatro	芝居 *chibai*, 劇 *gueki*
reservar	予約する *ioiaku suru*
rock	ロック *lokku*
sair *(para passear)*	出かける *dekakeru*
show	ショー *choo*
teatro	劇場 *guekidjio*

SUGESTÕES E CONVITES

Expressando-se

onde poderíamos ir?
どこへ行きましょうか。
doko e ikimachoo ka?

o que quer fazer?
何がしたいですか。
nani ga chitai des ka?

vamos sair para beber alguma coisa?
飲みに行きましょうか。
nomi ni ikimachoo ka?

o que vai fazer hoje à noite?
今夜、何をしますか。
kon'ia, nani o chimas ka?

já tem planos?
何か予定がありますか。
nani ka iotee ga arimas ka?

PASSEANDO

gostaria de ...?
... たいですか。
... tai des ka?

gostaria de ir a ...?
... へ行きませんか。
... e ikimassen ka?

estávamos pensando em ir a/para ...
... へ行こうと思っています。
... e ikoo to omotte imas

hoje não posso, mas quem sabe outra hora
今日はだめですが、また別の日に。
kioo ua dame des ga, mata betsu no hi ni

não sei se consigo ir
行けるかどうかちょっとわかりません。
ikeru ka doo ka tchiotto uakarimassen

eu adoraria
喜んで。
iorokonde

COMBINANDO UM ENCONTRO

Expressando-se

a que horas nos encontramos?
何時に会いましょうか。
nan dji ni aimachoo ka?

onde nos encontramos?
どこで会いましょうか。
doko de aimachoo ka?

seria possível nos encontrarmos um pouquinho mais tarde?
もう少し遅くに会えますか。
moo sukochi ossoku ni aemas ka?

tenho de encontrar ... às nove
... と9時に会わなければなりません。
... to ku dji ni auanakereba narimassen

não sei onde fica, mas vou procurar no mapa
それがどこか知りませんが、地図で調べます。

sore ga doko ka chirimassen ga, tchizu de chirabemas

vejo-o(a) amanhã à noite
では、また明日の晩。
de ua, mata achta no ban

encontro-o(a) mais tarde, tenho que dar uma passada no hotel primeiro
では、また後で。まずホテルに寄らなければなりません。
de ua, mata ato de. mazu hoteru ni ioranakereba narimassen

eu ligo/envio um torpedo se houver alguma mudança de planos
もし変更があれば、電話・テキストします。
mochi henkoo ga areba, den'ua/tekissuto chimas

você vai comer antes?
前もって食事をしますか。
mae motte chokudji o chimas ka?

desculpe, estou atrasado(a)
遅くなってすみません。
ossoku natte sumimassen

Compreendendo

それでいいですか。
sore de ii des ka?
está bem assim para você?

8時頃、迎えに行きます。
hatchi dji goro mukae ni ikimas
venho buscá-lo(a) por volta das 8h

そこで会いましょう。
soko de aimachoo
encontro-o(a) lá

... の外で会いましょう。
... no soto de aimachoo
podemos nos encontrar do lado de fora ...

電話番号を教えますから、明日電話してください。
den'ua bangoo o ochiemas kara, achta den'ua chite kudassai
vou lhe dar meu telefone e você pode me ligar amanhã

PASSEANDO

FILMES, *SHOWS* E CONCERTOS

Expressando-se

há algum guia com a programação do que está acontecendo?
劇や映画の情報を載せたイベント情報誌はありますか。
gueki ia eega no djioohoo o nosseta ibento djioohoochi ua arimas ka?

eu gostaria de três ingressos para ...
... のチケットを3枚ください。
... no tchiketto o san'mai kudassai

dois ingressos, por favor
チケット2枚、お願いします。
tchiketto ni mai onegai chimas

o nome é ...
... という名前です。
... to iuu namae des

vi o *trailer*
予告編を見ました。
iokokuhen o mimachta

a que horas começa?
何時に始まりますか。
nan dji ni hajimarimas ka?

eu gostaria de ir ver um *show*
ショーを見に行きたいと思います。
choo o mi ni ikitai to omoimas

vou me informar se ainda há ingressos disponíveis
まだチケットがあるか調べてみます。
mada tchiketto ga aru ka chirabete mimas

precisamos reservar com antecedência?
前もって予約が必要ですか?
mae motte ioiaku ga hitsuioo des ka?

quanto tempo ficará em cartaz?
いつまでやっていますか。
itsu made iatte imas ka?

tem ingressos para outro dia?
別の日のチケットはありますか。
betsu no hi no tchiketto ua arimas ka?

PASSEANDO

78

eu gostaria de ir a um bar com música ao vivo
生演奏をやっているバーに行きたいと思います。
nama ensoo o iatte iru baa ni ikitai to omoimas

há concertos gratuitos?
無料のコンサートをどこかでやっていますか。
murioo no konsaato o doko ka de iatte imas ka?

que tipo de música é?
どんな音楽ですか。
don'na ongaku des ka?

Compreendendo

大ヒット作 *dai hitto saku*	grande sucesso
予約 *ioiaku*	reservas
切符売場 *kippu uriba*	bilheteria
昼興行 *hiru kooguioo*, マチネ *matchine*	matinê
…から一般公開 *… kara ippan kookai*	em cartaz a partir de …
日本の伝統音楽 *nihon no dentoo ongaku*	música tradicional japonesa

野外コンサートです。
iagai konsaato des
é um concerto ao ar livre

来週、公開です。
laichuu kookai des
entra em cartaz na semana que vem

その上演は売り切れです。
sono djiooen ua urikire des
os ingressos para esta exibição estão esgotados

…まで全部売り切れています。
… made zembu urikirete imas
está tudo reservado até …

批評ではほめられていました。
hihioo de ua homerarete imachta
a crítica foi muito boa

オデオンで午後8時からです。
odeon de gogo hatchi dji kara des
é às 20h no Odeon

前もって予約する必要はありません。
mae motte ioiaku suru hitsuioo ua arimassen
não é preciso reservar com antecedência

その劇は、休憩も含めて。一時間半です。
sono gueki ua kiuukee mo fukumete itchi djikan han des
a peça dura uma hora e meia, incluindo o intervalo

携帯電話の電源をお切りください。
keetai den'ua no denguen o okiri kudassai
por favor, desliguem seus aparelhos celulares

FESTAS E BOATES

Expressando-se

vou fazer uma festinha de despedida hoje à noite
今夜、ちょっとしたお別れパーティーをします。
kon'ia, tchiotto chita ouakare paatii o chimas

devo levar alguma bebida?
何か飲み物を持って行きましょうか。
nani ka nomimono o motte ikimachoo ka?

poderíamos ir a uma boate depois
その後でクラブに行ってもいいでしょう。
sono ato de kurabu ni itte mo ii dechoo

é preciso pagar para entrar?
入場は有料ですか。
niuudjioo ua iuurioo des ka?

tenho de encontrar uma pessoa lá dentro
中にいる人とちょっと会いたいんですが。
naka ni iru hito to tchiotto aitai n des ga

o DJ é bom mesmo
あのＤＪ、すごくカッコいい。
ano DJ sugoku kakko ii

posso lhe pagar uma bebida?
飲み物をおごらせてください。
nomimono o ogorassassete kudassai

obrigada, mas estou com meu namorado
ありがとう。でもボーイフレンドと来ています。
arigatoo. demo booifurendo to kite imas

não, obrigado(a), não fumo
いいえ、結構です。タバコは吸いません。
iie, kekkoo des. tabako ua suimassen

Compreendendo

携帯品一時預かり所 *keetaihin itchidji azukaridjio*	chapelaria
無料ドリンク *murioo dorinku*	bebida grátis
夜12時過ぎは1000円 *ioru djiuuni dji sugui ua sen'en*	1.000 ienes depois da meia-noite

踊りませんか。
odorimassen ka?
quer dançar?

一緒に飲みませんか。
iccho ni nomimassen ka?
vamos tomar algo juntos?

マッチかライター、持っています。
matchi ka laitaa motte imas ka?
você tem fogo?

タバコ、あります。
tabako arimas?
você tem um cigarro?

また会えますか。
mata aemas ka?
podemos nos ver de novo?

家まで送りましょうか。
ie made okurimachoo ka?
posso ir à sua casa?

ATRAÇÕES TURÍSTICAS

Em geral, os centros de informações turísticas ficam localizados próximos ou dentro das estações ferroviárias, permanecendo abertos diariamente das 10h às 17h. Aproveite para pegar vários prospectos e mapas da cidade. Se você se perder, poderá comprar um mapa numa **kombini** (loja de conveniências). Muitos locais interessantes não oferecem visitas guiadas; no entanto, os visitantes geralmente podem alugar fones de ouvido com áudio em japonês ou inglês. É comum cobrar uma taxa de entrada, e em alguns templos e museus é proibido fotografar usando *flash* (フラッシュ禁止 *furacchu kinchi*). Talvez você precise tirar os sapatos para entrar em templos e santuários.

O básico

antigo	古代の *kodai no*, 古風な *kofuu na*
antiguidade	骨董品 *kottoohin*, アンティーク *antiiku*
área	地域 *tchi'iki*
arte moderna	近代美術 *kindai bidjiutsu*
castelo	（お）城 *(o)chiro*
centro da cidade	中心街 *tchiuuchingai*
centro de informações turísticas	観光案内所 *kankoo an'naidjio*
escultura	彫刻 *tchiookoku*
estátua	像 *zoo*
exposição	展覧会 *tenrankai*
galeria	美術館 *bidjiutsukan*
guia de ruas, mapa	ストリートマップ *sutoriito mappu*
guia de turismo	観光ガイド *kankoo gaido*
igreja	教会 *kiookai*
mesquita	モスク *mossuku*
museu	博物館 *hakubutsukan*

parque	公園 kooen
pintura, quadro	絵 e, 絵画 kaiga
ruínas	廃墟 haikio
santuário	神社 djindjia
século	世紀 seeki
sinagoga	シナゴーグ chinagoogu
templo	(お)寺 (o)tera
turista	観光客 kankookiaku

Expressando-se

eu gostaria de algumas informações sobre ...
... についての情報がほしいんですが。
... ni tsuite no djioohoo ga hochii n des ga

pode me dizer onde fica o centro de informações turísticas?
どこに観光案内所があるか教えてくれませんか。
doko ni kankoo an'naidjio ga aru ka ochiete kuremassen ka?

teria um guia de ruas da cidade?
この街のストリートマップはありますか。
kono matchi no sutoriito mappu ua arimas ka?

disseram-me que há um templo antigo que pode ser visitado
古いお寺があると聞きました。
furui otera ga aru to kikimachta

poderia me mostrar no mapa onde fica?
どこにあるか、この地図で教えてくれませんか。
doko ni aru ka, kono tchizu de ochiete kuremassen ka?

como se faz para chegar lá?
どうやってそこに行ったらいいですか。
doo iatte soko ni ittara ii des ka?

é gratuito(a)?
無料ですか。
murioo des ka?

quando isto foi construído?
いつ建てられましたか。
itsu tateraremachta ka?

Compreendendo

入場無料 niuudjioo murioo	entrada gratuita
閉館 <u>h</u>eekan	fechado(a)
戦争 sensoo	guerra
いくさ ikussa	guerra
侵略 chinriaku	invasão
中世 tchiuusee	medieval
開館 kaikan	aberto(a)
中国 tchiuugoku	China
韓国 kankoku	Coreia
改装 kaissoo	restauração
修復工事 chuufuku koodji	trabalho de restauração
城下町 djiookamatchi	vila ao redor do castelo do senhor feudal
ガイド付き見学コース gaido tsuki kengaku koossu	visita guiada
現在位置 guenzai itchi	você está aqui (no mapa)

着いてから聞いてみてください。
tsuite kara kiite mite kudassai
o(a) senhor(a)/você terá de perguntar quando chegar lá

次のガイド付き見学コースは2時からです。
tsugui no gaido tsuki kengaku koossu ua ni dji kara des
a próxima visita guiada começa às 2h

MUSEUS, EXPOSIÇÕES E MONUMENTOS

Expressando-se

ouvi dizer que há uma exposição de ... muito boa no momento
今、すばらしい ... の展覧会をやっていると聞きました。
ima subarachii ... no tenrankai o iatte iru to kikimachta

quanto custa para entrar?
入るのにいくら掛かりますか。
<u>h</u>airu no ni ikura kakarimas ka?

este ingresso vale também para a exposição?
このチケットで展覧会も入場できますか。
kono tchiketto de tenrankai mo niuudjioo dekimas ka?

tem algum desconto para jovens?
学生割引はありますか。
gakusse uaribiki ua arimas ka?

fica aberto(a) aos domingos?
日曜日も開いていますか。
nitchi'ioobi mo aite imas ka?

dois adultos e uma criança, por favor
大人２枚と子供１枚、お願いします。
otona ni mai to kodomo itchi mai onegai chimas

tenho carteirinha de estudante
学生証を持っています。
gakusee choo o motte imas

Compreendendo

オーディオガイド *oodiogaido*	audioguia
チケット *tchiketto*, 切符 *kippu*	ingresso
切符売り場 *kippu uriba*	bilheteria
特別展 *tokubetsu ten*	exposição temporária
常設展 *djioossetsu ten*	exposição permanente
フラッシュ禁止 *furacchu kinchi*	proibido usar o *flash*
撮影禁止 *satsuee kinchi*	proibido fotografar
順路 *djiunro*	por aqui
お静かに願います *ochizuka ni negaimas*	silêncio, por favor
触らないでください *sauaranaide kudassai*	não tocar, por favor

博物館の入場料は … です。
hakubutsukan no niuudjioorioo ua … des
a entrada para o museu custa …

ATRAÇÕES TURÍSTICAS

このチケット・切符で展覧会もご覧いただけます。
kono tchiketto/kippu de tenrankai mo goran itadakemas
este ingresso lhe dá também acesso à exposição

学生証をお持ちですか。
gakussee choo o omotchi des ka?
o(a) senhor(a)/você tem a carteirinha de estudante?

DANDO SUAS IMPRESSÕES

Expressando-se

é bonito
きれいです。
kiree des

foi bonito
きれいでした。
kiree dechta

é fantástico
すばらしいです。
subarachii des

foi fantástico
すばらしかったです。
subarachkatta des

realmente eu aproveitei
とてもよかったです。
totemo iokatta des

não gostei muito
そんなに面白くありませんでした。
son'na ni omochiroku arimassen dechta

foi um pouco chato
ちょっとつまらなかったです。
tchiotto tsumaranakatta des

eu não sou muito fã de arte moderna
近代美術はあまり好きじゃありません。
kindai bidjiutsu ua amari suki djia arimassen

é caro para o que é
内容の割には高いです。
nai'ioo no uari ni ua takai des

há muitos turistas
とても観光地化しています。
totemo kankootchika chite imas

estava muito lotado
とても混んでいました。
totemo konde imachta

acabamos não indo, a fila era muito grande
行列が長かったので、結局行きませんでした。
guiooretsu ga nagakatta node, kekkioku ikimassen dechta

não tivemos tempo de ver tudo
全部見る時間はありませんでした。
zembu miru djikan ua arimassen dechta

Compreendendo

有名な *iuumee na*	famoso(a)
絵のように美しい e no *ioo ni utsukuchii*	pitoresco(a)
典型的な *tenkeeteki na*	típico(a)
伝統的な *dentooteki na*	tradicional

… を絶対、見ないといけません。
… o zettai minai to ikemassen
o(a) senhor(a)/você realmente deve ir ver …

… に行くのをお勧めします。
… ni iku no o ossussume chimas
recomendo que vá a …

町全体のすばらしい景色が見られます。
matchi zentai no subarachii kechiki ga miraremas
há uma vista maravilhosa de toda a cidade

ちょっと観光地化しすぎました。
tchiotto kankootchika chissuguimachta
tornou-se turístico demais

ATRAÇÕES TURÍSTICAS

ESPORTES E JOGOS

Os esportes mais populares no Japão são o beisebol, a luta de sumô, o futebol e o golfe. Há doze times de beisebol profissional, sendo que os favoritos são **Yomiuri Giants** (de Tóquio), **Chûnichi Dragons** (de Nagoia) e **Hanshin Tigers** (de Osaka).

Para informações sobre trilhas e caminhadas, pergunte no centro de informações turísticas (観光案内所 *kankoo an'nai djioo*) do local ou na recepção do hotel.

No inverno você poderá esquiar em Koshin-etsu, Tôhoku e Hokkaidô – algumas pistas ficam abertas dia e noite. Em Chiba existe um centro fechado de esquiação, onde a neve artificial garante boas condições para o esqui o ano todo.

Os jogos tradicionais japoneses incluem o **shôgui** (similar ao xadrez), o **go**, o **koma** (um jogo com uma espécie de piões de madeira), o **sugoroku** (tipo de gamão) e o **Othello** (jogo de estratégia). Também é comum empinar pipas (**tako**).

O básico

basquetebol	バスケット *bassuketto*
beisebol	野球 *iakiuu*
bicicleta	自転車 *djitencha*
bola	ボール *booru*
caminhar	散歩 *sampo*
cartas	トランプ *torampu*
ciclismo	サイクリング *saikuringu*
ciclismo em montanha	マウンテンバイク *maunten baiku*
esporte	スポーツ *supootsu*
esqui	スキー *sukii*
esqui alpino	滑降スキー *kakkoo sukii*
esqui de fundo	クロスカントリースキー *kurossukantorii sukii*

excursão	旅行 *liokoo*
fazer caminhada	散歩する *sampo suru*
fazer caminhada *(em locais montanhosos e campestres)*	ハイキングをする *haikingu o suru*
futebol	サッカー *sakkaa*
golfe	ゴルフ *gorufu*
jogar ...	... をする ... *o suru*
jogo de tabuleiro	ボードゲーム *boodo gueeemu*
luta de sumô	相撲 *sumoo*
natação	水泳 *suiee*
partida, jogo	試合 *chiai*
piscina	プール *puuru*
rúgbi	ラグビー *lagubii*
sinuca	玉突き *tamatsuki*
snowboarding	スノーボード *sunooboodo*
surfe	サーフィン *saafin*
tênis	テニス *tenissu*
ter um jogo de ...	... の試合をする ... *no chiai o suru*
trilha de caminhada	ハイキングコース *haikingu koossu*, 遊歩道 *iuhodoo*
xadrez	チェス *tchiessu*
zona rural	田舎 *inaka*

Expressando-se

eu gostaria de alugar ... por uma hora
... を1時間、借りたいんですが。
... o itchi djikan karitai n des ga

há aulas de ... ?
... のレッスンはありますか。
... no lessun ua arimas ka?

qual o valor da hora por pessoa?
1人1時間いくらですか。
hitori itchi djikan ikura des ka?

não sou muito de esportes
運動神経がいいほうじゃありません。
undoo chinkee ga ii hô djia arimassen

ESPORTES E JOGOS

89

nunca fiz isto antes
一度もやったことがありません。
itchi do mo iatta koto ga arimassen

fiz isto uma ou duas vezes, há muito tempo
ずいぶん昔に1，2回やったことがあります。
zuibun mukachi ni itchi, ni kai iatta koto ga arimas

estou exausto(a)!
くたくたです。
kutakuta des

eu gostaria de assistir a uma partida de futebol/uma luta de sumô
サッカーの試合・相撲を見に行きたいと思います。
sakkaa no chiai/sumoo o mi ni ikitai to omoimas

vamos parar um pouco e fazer um lanche?
ちょっと休んで、お弁当にしましょうか。
tchiotto iassunde, obentoo ni chimachoo ka?

nós jogamos ...
... をしました。
... o chimachta

Compreendendo

... レンタル ... *lentaru* ... para alugar

経験がありますか、まったくの初心者ですか。
keeken ga arimas ka, mattaku no chochincha des ka?
o(a) senhor(a)/você tem alguma experiência, ou é iniciante total?

... の保証金が必要です。
... no hochookin ga hitsuioo des
é preciso fazer um depósito de ...

保険は強制で、金額は ... です。
hoken ua kiooseee de, kingaku ua ... des
o seguro é obrigatório e custa ...

CAMINHADAS

Expressando-se

há trilhas para caminhadas aqui na redondeza?
この辺にハイキングコース・遊歩道はありますか。
kono hen ni haikingu koossu/iuuhodoo ua arimas ka?

poderia recomendar algumas boas trilhas na área?
この辺で歩くのにいいところを教えてくれませんか。
kono hen de aruku no ni ii tokoro o ochiete kuremassen ka?

ouvi dizer que há uma bela trilha perto do lago
湖の近くに歩くのにいい所があると聞きました。
mizu-umi no tchikaku ni aruku no ni ii tokoro ga aru to kikimachta

estamos procurando uma trilha curta aqui perto
この辺りで散歩できるところを探しています。
kono atari de sampo dekiru tokoro o sagachte imas

posso alugar calçados para caminhada?
ハイキングブーツを借りられますか。
haikingu buutsu o kariraremas ka?

quanto tempo dura a caminhada?
ハイキングはどれくらいかかりますか。
haikingu ua dore kurai kakarimas ka?

é muito íngreme?
きついですか。
kitsui des ka?

onde começa a trilha?
どこが遊歩道の始まりですか。
doko ga iuuhodoo no hadjimari des ka?

a trilha é demarcada?
遊歩道には標識がありますか。
iuuhodoo ni ua hioochiki ga arimas ka?

é uma trilha circular?
一周して戻って来る道ですか。
icchuu chite modotte kuru mitchi des ka?

ESPORTES E JOGOS

Compreendendo

平均所要時間 *heekin choioo djikan*   duração média (da caminhada)

休憩も含めて大体3時間です。
kiuukee mo fukumete daitai san djikan des
são mais ou menos umas três horas de caminhada, incluindo as paradas para descanso

防水の上着とウォーキングシューズを持ってきてください。
boossui no u'uagui to uookingu chuuzu o motte kite kudassai
traga uma jaqueta impermeável e calçados para caminhada

Expressando-se

ESQUIAÇÃO E *SNOWBOARDING*

eu gostaria de alugar esquis, bastões e botas
スキー板とストックとブーツを借りたいんですが。
sukii ita to sutokku to buutsu o karitai n des ga

eu gostaria de alugar um *snowboard*
スノーボードを借りたいんですが。
sunooboodo o karitai n des ga

estão muito grandes/pequenos
大きすぎます・小さすぎます。
ookissuguimas/tchiissassuguimas

um passe de um dia   **sou iniciante total**
一日券   全く初めてです。
itchi nitchi ken   *mattaku hadjimete des*

Compreendendo

リフト *lifuto*	teleférico de cadeira
リフト券 *lifuto ken*	passagem de teleférico
スキーリフト *sukii lifuto*	teleférico
Tバーリフト *tchii baa lifuto*	teleférico (onde se é puxado de pé)

ESPORTES E JOGOS

OUTROS ESPORTES

Expressando-se

onde podemos alugar bicicletas?
どこで自転車を借りられますか。
doko de djitencha o kariraremas ka?

há ciclovias?
サイクリングコースはありますか。
saikuringu koossu ua arimas ka?

alguém tem uma bola de futebol?
誰かサッカーボールを持っていますか。
dare ka sakkaa booru o motte imas ka?

por que time o(a) senhor(a)/você torce?
どのチームのファンですか。
dono tchiimu no fan des ka?

torço pelo ...
... のファンです。
... no fan des

há alguma piscina descoberta?
屋外プールはありますか。
okugai puuru ua arimas ka?

eu nunca mergulhei antes
ダイビングは初めてです。
daibingu ua hadjimete des

eu gostaria de fazer aulas de velejo para iniciantes
初心者用のヨットコースに入りたいんですが。
chochincha ioo no iotto koossu ni hairitai n des ga

Compreendendo

駅から遠くないところに公営のテニスコートがあります。
eki kara tookunai tokoro ni kooee no tenissu kooto ga arimas
há uma quadra pública de tênis não muito longe da estação

ESPORTES E JOGOS

テニスコートは空いていません。
tenissu kooto ua aite imassen
a quadra de tênis está ocupada

泳げますか。
oioguemas ka?
sabe nadar?

乗馬は初めてですか。
djiooba ua hadjimete des ka?
é a primeira vez que anda a cavalo?

バスケットはしますか。
bassuketto ua chimas ka?
joga basquetebol?

JOGOS EM AMBIENTES FECHADOS

Expressando-se

vamos jogar cartas?
トランプをしましょうか。
torampu o chimachoo ka?

alguém conhece algum bom jogo de cartas?
誰か面白いトランプを知っていますか。
dare ka omochiroi torampu o chitte imas ka?

é a sua vez
そちらの番です。
sotchira no ban des

Compreendendo

マージャンはできますか。
maadjian ua dekimas ka?
sabe jogar mahjong?

トランプを持っていますか。
torampu o motte imas ka?
o(a) senhor(a)/você tem um maço de cartas?

Algumas expressões informais

へとへとです。 *hetoheto des* estou morto de cansaço
彼には手も足も出なかった。 *kare ni ua te mo achi mo denakatta*
ele não tinha mais saída

COMPRAS

Kombini, ou lojas de conveniências, são lojinhas que ficam abertas 24 horas por dia. Elas vendem comida, produtos de higiene, artigos de papelaria e outros itens de primeira necessidade. As maiores redes são **Seven/Eleven**, **Lawson**, **Family Mart** e **am/pm**. Você também encontrará lojinhas e mercadinhos próximos às estações de trem, mas eles em geral ficam fechados aos domingos. Supermercados grandes e hipermercados, como **Jusco**, **Ito Yokado** e **Seiyu**, abrem diariamente, inclusive aos domingos. Também é possível comprar uma vasta gama de itens nas máquinas automáticas de venda (**jidôhambaiki**).

As lojas de departamentos (como **Isetan**, **Mitsukoshi**, **Takashimaya**, **Seibu** e **Odakyu**) são lugares para comprar produtos de alta qualidade; elas em geral ficam fechadas às quartas-feiras.

Em quase todas as placas e etiquetas há uma transcrição em letras romanas. Os preços são sempre escritos em algarismos arábicos. As roupas têm uma modelagem pequena e o tamanho dos sapatos é em centímetros. Muitas transações são feitas em dinheiro vivo.

O básico

açougue	肉屋 niku'ia
barato	安い iassui
caixa	レジ ledji
caro(a)	高い takai
cigarros	タバコ tabako
comprar	買う kau
custar	かかる kakaru
dicionário	辞書 djicho
fósforos	マッチ matchi
galeria de compras	商店街 chootengai
grama	グラム guramu
imposto sobre vendas	消費税 choohizee
lembrancinha	お土産 omi'iague

liquidação	セール *seeru*
livraria	本屋 *hon'ia*
loja	店 *misse*
loja de conveniências	コンビニ *kombini*
loja de departamentos	デパート *depaato*
máquina automática de venda	自動販売機 *djidoohambaiki*
mercearia	八百屋 *iao'ia*
padaria	パン屋 *pan'ia*
pagar	払う *harau*
pagar a conta	精算 *seesan*
preço, custo	値段 *nedan*
presente	プレゼント *purezento*, 贈り物 *okurimono*
quilo	キロ *kiro*
recibo, nota fiscal	レシート *lechiito*, 領収書 *lioochuucho*
reembolso	払い戻し *haraimodochi*
roupas	服 *fuku*
shopping center	ショッピングセンター *choppingu sentaa*, モール *mooru*
sombrinha	傘 *kassa*
supermercado	スーパー *suupaa*
tecidos	ティッシュ（ペーパー）*tchicchu(peepaa)*
vendedor(a)	店員 *ten'in*
vender	売る *uru*

Expressando-se

tem algum supermercado aqui perto?
この近くにスーパーはありますか。
kono tchikaku ni suupaa ua arimas ka?

onde posso comprar cigarros?
どこでタバコは買えますか。
doko de tabako ua kaemas ka?

eu gostaria ...
... をください。
... o kudassai ...

estou procurando ...
... を探しています。
... o sagachte imas

vocês vendem ...?
... はありますか。
... ua arimas ka?

saberia me dizer onde posso encontrar ...?
どこで ... が買えるか知っていますか。
doko de ... ga kaeru ka chitte imas ka?

poderia encomendar para mim?
それを注文してくれますか。
sore o tchiuumon chite kuremas ka?

quanto custa isto?
これはいくらですか。
kore ua ikura des ka?

vou levar
それにします。
sore ni chimas

não tenho muito dinheiro
あまりお金がありません。
amari okane ga arimassen

não tenho dinheiro suficiente
そんなにお金を持っていません。
son'na ni okane o motte imassen

é só isso, obrigado(a)
それだけです。ありがとう。
sore dake des. arigatoo

acho que houve um erro no meu troco
お釣りが間違ってるんじゃないかと思うんですが。
otsuri ga matchigatteru n djia nai ka to omou n des ga

Compreendendo

（英字）新聞 (eedji) chimbun	jornal (em *língua inglesa*)
朝市 assa itchi	feira (*que ocorre pela manhã*)
... 時から ... 時まで営業 ... dji kara ... dji made eeguioo	aberto(a) de ... a ...
特別奉仕 tokubetsu hoochi	oferta especial
セール seeru	liquidação

COMPRAS

何か他にお入用ですか。
nani ka hoka ni o iri'ioo des ka?
mais alguma coisa?

リボンをおかけしましょうか。
libon o okake chimachoo ka?
quer que eu faça um laço?

PAGANDO

Expressando-se

onde pago?
どこで払ったらいいですか。
doko de harattara ii des ka?

quanto lhe devo?
おいくらですか。
oikura des ka?

poderia anotar para mim, por favor?
書いてくれますか。
kaite kuremas ka?

posso pagar com cartão de crédito?
クレジットカードは使えますか。
kuredjitto kaado ua tsukaemas ka?

vou pagar em dinheiro
現金で払います。
guenkin de haraimas

desculpe, não tenho trocado
すみません、小銭がありません。
sumimassen, kozeni ga arimassen

por favor, poderia trocar esta nota em moedas?
小銭に両替してもらえますか。
kozeni ni lioogae chite moraemas ka?

pode me dar um recibo/uma nota fiscal?
レシート・領収書をください。
lechiito/lioochuucho o kudassai?

Compreendendo

レジでお支払いください。
ledji de ochiharai kudassai
pagar no caixa

何でお支払いになりますか。
nan de ochiharai ni narimas ka?
como gostaria de pagar?

細かいのをお持ちですか。
komakai no o omotchi des ka?
teria mais trocado?

身分証明書をお持ちですか。
mibunchoomeecho o omotchi des ka?
o(a) senhor(a)/você tem alguma identidade?

ここに署名・サインをお願いします。
koko ni chomee/sain o onegai chimas
poderia assinar aqui, por favor?

COMIDA

Expressando-se

onde posso comprar comida aqui na redondeza?
この辺で食べ物を買えるのはどこですか。
kono hen de tabemono o kaeru no ua doko des ka?

tem alguma padaria aqui perto?
この近くにパン屋はありますか。
kono tchikaku ni pan'ia ua arimas ka?

estou procurando o corredor de cereais
シリアルはどこにありますか。
chiriaru ua doko ni arimas ka

duas costeletas de porco à milanesa, por favor
トンカツを二枚ください。
tonkatsu o ni mai kudassai

um pacote de *sushi*, por favor
すしを1パックください。
suchi o hito pakku kudassai

é para quatro pessoas
4人分です。
io nin bun des

mais ou menos 300 gramas
300グラムくらい。
sambiaku guramu kurai

cinco maçãs, por favor
りんごを5個、お願いします。
lingo o go ko onegai chimas

um pouquinho menos/mais
もう少し少なく・多く。
moo sukochi sukunaku/ooku

posso experimentar?
試食してもいいですか。
chichoku chite mo ii des ka?

aguenta muito tempo sem estragar?
日持ちしますか。
himotchi chimas ka?

Compreendendo

賞味期限 *choomi kiguen*	válido até
デリカテッセン *derikatessen*	*delicatessen*, loja de alimentos
自家製 *djika see*	caseiro(a)
地方の特産品 *tchihoo no tokussan hin*	especialidades locais
無農薬 *munooiaku*	orgânico(a)

朝市は毎朝10時までやっています。
assa itchi ua mai assa djiuu dji made iatte imas
tem uma feira todas as manhãs até as 10h

その角に遅くまでやっているコンビニがあります。
sono kado ni ossoku made iatte iru kombini ga arimas
tem uma loja de conveniências virando a esquina, que fica aberta até tarde

ROUPAS

Cores

vermelho	赤 aka
azul	青 ao
verde	緑 midori
amarelo	黄色 kiiro
branco	白 chiro
preto	黒 kuro
rosa	ピンク pinku
cinza	グレイ guree
marrom	茶色 tchiairo

Expressando-se

estou procurando a seção de roupas masculinas
紳士服売り場を探しています。
chinchi fuku uriba o sagachte imas

não, obrigado(a), só estou dando uma olhadinha
いいえ、結構です。見ているだけです。
iie, kekkoo des. mite iru dake des

posso experimentar?
試着してもいいですか。
chitchiaku chite mo ii des ka?

eu gostaria de experimentar aquele(a) da vitrine
ショーウィンドウにあるのを試着してみたいんですが。
choouindoo ni aru no o chitchiaku chite mitai n des ga

onde ficam os provadores?
試着室はどこですか。
chitchiaku chitsu ua doko des ka?

não serve
サイズが合いません。
saizu ga aimassen

é muito grande/pequeno
大きすぎます・小さすぎます。
ookissuguimas/tchiissassuguimas

teria em outra cor?
他の色はありませんか。
hoka no iro ua arimassen ka?

teria em um tamanho menor/maior?
もっと小さい・大きいサイズはありませんか。
motto tchiissai/ookii saizu ua arimassen ka?

teria em vermelho?
これの赤はありませんか。
kore no aka ua arimassen ka?

sim, ficou bom, vou levar
ええ、これでいいです。これにします。
ee, kore de ii des. kore ni chimas

não, eu não gostei
いいえ、あまり好きじゃないです。
iie, amari suki djia nai des

vou pensar
考えてみます。
kangaete mimas

eu gostaria de devolver isto, não serve
これを返品したいんですが。サイズが合いませんでした。
kore o hempin chitai n des ga. saizu ga aimassen dechta

este(a) ... tem um buraco, posso ter um reembolso?
この … は穴が開いています。返金してもらえますか。
kono ... ua ana ga aite imas. henkin chite moraemas ka?

Compreendendo

試着室 *chitchiaku chitsu*	provadores
子供服 *kodomo fuku*	roupas infantis
婦人服 *fudjin fuku*	moda feminina
下着・ランジェリー *chitagui/landjierii*	lingerie
紳士服 *chinchi fuku*	moda masculina
日曜営業 *nitchi'ioobi eeguioo*	aberto aos domingos

セール商品は返品できません
seeru choohin ua hempin dekimassen
peças em liquidação não podem ser devolvidas

いらっしゃいませ。何にいたしましょう。
iracchaimasse. nan'ni itachimachoo?
olá, posso ajudar?

青と黒しかございません。
ao to kuro chika gozaimassen
só temos em azul ou preto

そのサイズは品切れでございます。
sono saizu ua chinaguire de gozaimas
não sobrou nenhum(a) nesse tamanho

よくお似合いです。
ioku oniai des
caiu-lhe bem

ぴったりです。
pittari des
é um bom corte

もし合わなければ、返品していただけます。
mochi auanakereba, hempin chite itadakemas
o(a) senhor(a)/você pode trazer de volta se não servir

SOUVENIRS E PRESENTES

Expressando-se

estou procurando um presente para levar para casa
家への土産を探しています。
ie e no mi'iague o sagachte imas

eu gostaria de algo fácil de transportar
持ち運びしやすいものが何かほしいです。
motchihakobi chi'iassui mono ga nani ka hochii des

é para uma menininha de quatro anos
4歳の女の子用です。
ion sai no on'na no ko ioo des

poderia embrulhar para presente para mim?
プレゼント用に包んでくれますか。
purezento ioo ni tsutsunde kuremas ka?

Compreendendo

人形 *ninguioo*	boneca
扇子 *sensu*	leque
民芸品 *mingueehin*	artesanato popular
手作り *tezukuri*	feito à mão
和紙 *uachi*	papel japonês
漆器 *chikki*	artigos de laca
木製品・銀製品・金製品・ウール製品 *moku seehin/guin seehin/kin seehin/uuru seehin*	feito de madeira/prata/ouro/lã
陶器 *tooki*	cerâmica
伝統工芸品 *dentoo koogueehin*	produto feito de modo tradicional
木版画 *mokuhanga*	xilografia ou xilogravura
風呂敷 *furochiki*	embrulho de pano

ご予算はどのくらいですか。
goiossan ua dono kurai des ka?
quanto pretende gastar?

プレゼントですか。
purezento des ka?
é para presente?

この地方独特のものです。
kono tchihoo dokutoku no mono des
é típico da região

Algumas expressões informais

ぼったくりだ *bottakuri da* isto é um roubo!
文無しです *mon'nachi des* estou duro(a)/sem grana
目玉が飛び出すほど高い *medama ga tobidassu hodo takai*
custa o olho da cara
掘り出し物です *horidachimono des* isto é uma pechincha
大幅値下げ *oohaba nessague* preços reduzidos

FOTOGRAFIAS

Há muito os japoneses têm paixão por fotografia. Lojas de descontos, como **Bic Camera**, **Yodobashi Camera** e **Sakuraya**, oferecem uma gama enorme de opções, esteja você procurando uma câmera descartável barata ou a mais moderna teleobjetiva, uma câmera digital ou uma câmera subaquática. Há partes inteiras da cidade que vendem única e exclusivamente produtos eletrônicos, como a área de Akihabara em Tóquio e Nihonbashi em Osaka. Se você for adquirir produtos eletrônicos no Japão, certifique-se de que são compatíveis com nosso sistema e voltagem.

Revelar fotos é relativamente barato no Japão, tanto em lojas especializadas como em supermercados ou em lojas de conveniências. O formato-padrão das fotos é de 8,8 cm x 12,6 cm.

O básico

ampliação	引き伸ばし *hikinobachi*
bateria	電池 *dentchi*
brilhante	光沢 *kootaku*
cabine fotográfica	3分間写真 *sam pun kan chachin*
câmera descartável	使い捨てカメラ *tsukaissute kamera*
câmera digital	デジタルカメラ *dedjitaru kamera*, デジカメ *dedjikame*
cartão de memória	メモリーカード *memorii kaado*
cópia	焼き増し *iakimachi*
cor	カラー *karaa*
filme	フイルム *fuirumu*, フィルム *firumu*
flash	フラッシュ *furacchu*
fosco	光沢なし *kootaku nachi*
foto de passaporte	パスポート写真 *passupooto chachin*
máquina/câmera fotográfica	カメラ *kamera*
negativo	ネガ *nega*
preto e branco	白黒 *chiro kuro*
reimpressão	焼き増し *iakimachi*
revelar fotos	写真を現像してもらう *chachin o guenzoo chite morau*

105

slide スライド suraido
tirar uma foto/fotos 写真を撮る chachin o toru

Expressando-se

poderia tirar uma foto de nós, por favor?
写真を撮ってもらえますか。
chachin o totte moraemas ka?

é só apertar este botão
このボタンを押すだけです。
kono botan o ossu dake des

eu gostaria de um filme colorido de ASA 200
アーサー200のカラーフィルムをください。
aassaa nihiaku no karaa firumu o kudassai

vocês têm filme preto e branco?
白黒のフィルムはありますか。
chiro kuro no firumu ua arimas ka?

quanto custa para revelar um filme de 36 poses?
36枚撮りの現像はいくらですか。
sandjiuuroku mai dori no guenzoo ua ikura des ka?

eu gostaria de revelar este filme
このフィルムを現像してください。
kono firumu o guenzoo chite kudassai

eu gostaria de uma cópia extra de algumas fotos
焼き増ししてほしいものがあります。
iakimachi chite hochii mono ga arimas

três cópias dessa e duas dessa
これを3枚、これを2枚焼き増ししてください。
kore o sam mai, kore o ni mai iakimachi chite kudassai

posso imprimir minhas fotos digitais aqui?
ここでデジタルカメラの印刷はできますか。
koko de dedjitaru kamera no insatsu ua dekimas ka?

poderia gravar estas fotos num CD para mim?
この写真をCDに入れてくれますか。
kono chachin o chiidjii ni irete kuremas ka?

vim buscar minhas fotos
写真を受け取りに来ました。
chachin o uketori ni kimachta

estou com um problema na minha câmera
カメラの調子がおかしいです。
kamera no tchioochi ga okachii des

não sei o que é
何かわかりません。
nani ka uakarimassen

o *flash* não funciona
フラッシュが出ません。
furacchu ga demassen

Compreendendo

一時間現像 *itchi djikan guenzoo*	revelação de fotos em uma hora
標準版 *hioodjiumban*	formato-padrão
特急サービス *tokkiuu saabissu*	serviço rápido
CDに保存した写真 *chiidjii ni hozon chita chachin*	fotos em CD

電池が切れたんだと思います。
dentchi ga kireta n da to omoimas
talvez a bateria tenha acabado

デジタルカメラの印刷できます。
dedjitaru kamera no insatsu dekimas
temos uma máquina para impressão de fotos digitais

お名前は。
onamae ua?
qual o nome, por favor?

いつ、お受け取りをご希望ですか。
itsu ouketori o gokiboo des ka?
para quando as quer?

一時間で現像できます。
itchi djikan de guenzoo dekimas
podemos revelá-las em uma hora

FOTOGRAFIAS

107

BANCOS 💲

ℹ️

É aconselhável trocar dinheiro antes de embarcar para o Japão. Isso porque não há muitas casas de câmbio por lá e as que existem (dentro das agências dos principais bancos) só ficam abertas durante a semana, das 9h às 15h. No Japão há uma grande tendência de pagar as compras em dinheiro, ainda que outras formas de pagamento sejam possíveis. Somente as lojas e os restaurantes das principais cidades aceitam cartões de crédito, sendo que os *travelers'checks* em geral não são aceitos.

Poucos caixas eletrônicos aceitam os cartões internacionais Visa® ou MasterCard®, mesmo em Tóquio, com exceção dos do banco **Sumitomo-Mitsui** (cujo logotipo é uma bandeira verde dividida em três) ou os do **Citibank** (cujo logotipo é uma estrela branca dentro de um círculo azul). Porém, mesmo esses têm horários limitados. Por outro lado, mais de 21.000 agências de correio dispõem agora de caixas eletrônicos que aceitam cartões estrangeiros, seja de crédito, de débito ou de dinheiro. O horário de funcionamento dos caixas eletrônicos nas agências grandes é das 7h às 23h, às quartas-feiras, e das 9h às 19h nos finais de semana e feriados. Já nas agências menores esse horário é mais restrito. Para mais informações sobre os cartões aceitos nos caixas eletrônicos das agências de correio, ver: http://www.yu-cho.japanpost.jp/e_a0000000/aa200000.htm.

O básico

banco	銀行 *guinkoo*
caixa eletrônico	ATM *eetiiemu*, 現金自動支払機 *guenkin djidoo chiharaiki*
câmbio	おつり *otsuri*
casa de câmbio	両替所 *lioogaedjio*
cheque	小切手 *koguitte*
comissão	手数料 *tessuurioo*
conta bancária	銀行口座 *guinkoo kooza*
moeda	硬貨 *kooka*
nota (*de dinheiro*), cédula	紙幣 *chihee*, お札 *ossatsu*
sacar	引き出す *hikidassu*, おろす *orossu*

saque	引き出し *hikidachi*
senha	暗証番号 *anchoo bangoo*
transferir	（口座に）振り込む *furikomu*
travelers' checks	トラベラーズチェック *toraberaazu tchiekku*
trocar	両替する *lioogae suru*

As denominações diferentes

円 *en*	iene
一円硬貨 *itchi en kooka*	moeda de 1 iene
五円硬貨 *go en kooka*	moeda de 5 ienes
十円硬貨 *djiuu en kooka*	moeda de 10 ienes
五十円硬貨 *godjiuu en kooka*	moeda de 50 ienes
百円硬貨 *hiaku en kooka*	moeda de 100 ienes
五百円硬貨 *gohiaku en kooka*	moeda de 500 ienes
千円札 *sen en satsu*	nota de 1.000 ienes
二千円札 *nissen en satsu*	nota de 2.000 ienes
五千円札 *gossen en satsu*	nota de 5.000 ienes
一万円札 *itchiman en satsu*	nota de 10.000 ienes

Expressando-se

onde posso trocar dinheiro?
両替はどこでできますか。
lioogae ua doko de dekimas ka?

os bancos ficam abertos aos sábados?
銀行は土曜日も開いていますか。
guinkoo ua doioobi mo aite imas ka?

estou procurando um caixa eletrônico
ATMはどこにありますか。
eetiiemu ua doko ni arimas ka?

eu gostaria de trocar 100 dólares
100ドル、両替したいんですが。
hiaku doru, lioogae chitai n des ga

BANCOS

qual é a taxa de comissão que vocês cobram?
手数料はいくらですか。
tessuurioo ua ikura des ka?

eu gostaria de transferir dinheiro
お金を振り込みたいんですが。
okane o furikomitai n des ga

eu gostaria de informar a perda do meu cartão de crédito
クレジットカード紛失の届けをしたいんですが。
kuredjitto kaado funchitsu no todoke o chitai n des ga

o caixa eletrônico engoliu o meu cartão
ＡＴＭからカードが戻ってきません。
eetiiemu kara kaado ga modotte kimassen

Compreendendo

カードを挿入してください。
kaado o sooniuu chite kudassai
por favor, insira seu cartão

暗証番号を入力してください。
anchoo bangoo o niuurioku chite kudassai
por favor, coloque sua senha

引き出し金額を入力してください。
hikidachi kingaku o niuurioku chite kudassai
por favor, selecione o valor para o saque

レシートを発行する。
lechiito o hakkoo suru
saque com recibo

レシートを発行しない。
lechiito o hakkoo chinai
saque sem recibo

金額を選んでください。
kingaku o erande kudassai
por favor, selecione o valor desejado

故障中。
kochoo tchiuu
quebrado

AGÊNCIAS DE CORREIO

As agências de correio podem ser reconhecidas pelo símbolo 〒. Elas ficam abertas de segunda a sexta-feira, das 9h às 17h. As caixas de correio são vermelhas. As que contêm os dizeres 手紙 *tegami* ou はがき *hagaki* destinam-se a correspondências comuns e entregas dentro do território nacional; já as que contêm os dizeres その他の郵便 *sono ta no iuubin* destinam-se a correspondências internacionais e urgentes.

Os selos são vendidos nas agências de correio, mas também em minimercados e **kombini** (lojas de conveniências). Há taxas diferenciadas para cartas e cartões-postais, assim como para entregas dentro do Japão e para fora do país.

O básico

agência de correio	郵便局 *iuubinkioku*
caixa de correio	ポスト *possuto*
carta	手紙 *tegami*
cartão-postal	はがき *hagaki*
código de endereçamento postal (CEP)	郵便番号 *iuubin bangoo*
correio	郵便 *iuubin*
correio aéreo	航空便 *kookuubin*
correio marítimo	船便 *funabin*
correspondência	郵便 *iuubin*
correspondência registrada	書留 *kakitome*
entrega rápida	速達 *sokutatsu*
envelope	封筒 *fuutoo*
enviar	送る *okuru*
escrever	書く *kaku*
pacote	小包 *kozutsumi*
postar, pôr no correio	投函する *tookan suru*

selo
selo comemorativo

切手 *kitte*
記念切手 *kinen kitte*

Expressando-se

tem alguma agência de correio aqui perto?
この近くに郵便局はありますか。
kono tchikaku ni iuubinkioku ua arimas ka?

tem alguma caixa de correio aqui perto?
この近くにポストはありますか。
kono tchikaku ni possuto ua arimas ka?

a agência de correio abre aos sábados?
郵便局は土曜日も開いていますか。
iuubinkioku ua doioobi mo aite imas ka?

a que horas fecha a agência de correio?
郵便局は何時に閉まりますか。
iuubinkioku ua nan dji ni chimarimas ka?

vocês vendem selos?
切手はありますか。
kitte ua arimas ka?

eu queria ... selos para o Brasil, por favor
ブラジルへの切手を … 枚ください。
buradjiru e no kitte o … mai kudassai

quanto tempo vai demorar para chegar?
着くのにどれくらいかかりますか。
tsuku no ni dore kurai kakarimas ka?

onde posso comprar envelopes?
封筒はどこで買えますか。
fuutoo ua doko de kaemas ka?

tem correspondência para mim?
私あての郵便物はありますか。
uatachi ate no iuubimbutsu ua arimas ka?

AGÊNCIAS DE CORREIO

Decifrando os endereços

Quando os endereços são escritos com letras do alfabeto latino, eles seguem o mesmo padrão usado por nós. Quando escritos em japonês, porém, a ordem é a seguinte: CEP, região, cidade, área, rua, número da casa e/ou apartamento e finalmente o nome do destinatário com o sufixo **sama**. O CEP é precedido do símbolo 〒.

Compreendendo

こわれもの *kouaremono* — frágil
取扱い注意 *toriatsukai tchiuui* — manusear com cuidado
受取人 *uketorinin* — destinatário
ＳＡＬ便 *saru bin* — SAL (correio econômico: mais barato do que o correio aéreo, porém mais rápido do que o correio terrestre)

送り主 *okurinuchi*, 差出人 *sachidachinin* — remetente

三日から五日かかります。
mikka kara itsuka kakarimas
vai levar entre três e cinco dias

保険をおかけになりますか。
hoken o okake ni narimas ka
gostaria de fazer um seguro?

Serviços de entrega 宅配便 *takuhaibin*

Os serviços de entrega porta a porta, como **Kuroneko-Yamato Takkyûbin** e **Sagawa Kyûbin**, entregam encomendas e pacotes dentro do Japão muito rapidamente, com segurança e por um valor em geral mais barato do que as agências de correio. Você pode usá-los, por exemplo, para enviar antecipadamente sua bagagem ao aeroporto alguns dias antes de seu embarque. Hotéis e muitas lojas de conveniências trabalham com essas empresas.

CYBERCAFÉS E E-MAIL

www

ⓘ

Nas cidades do Japão, há um grande número de *cybercafés*, principalmente em locais da moda. Para usar os *cybercafés* talvez você tenha que se afiliar, mas isso é um procedimento simples. Quando não têm um computador à mão, os jovens japoneses trocam *e-mails* através de seus telefones celulares. Nos computadores, os japoneses usam um teclado inglês adaptado, em que as teclas contêm tanto as letras do alfabeto latino quanto os caracteres japoneses (com o sistema de escrita *hiragana*) – de forma que, por exemplo, você encontrará A e あ na mesma tecla. Você pode selecionar a entrada em inglês ou japonês na tela. O ícone para essa operação pode ser diferente de um lugar para outro, portanto é melhor pedir ajuda.

O básico

arroba	アットマーク *atto maaku*
colar	貼り付け *haritsuke*
copiar	コピー *copii*
cortar	切り取り *kiritori*
cybercafé	インターネットカフェ *intaanetto*
deletar	削除 *sakudjio*
e-mail	Eメール *iimeeru*, 電子メール *denchi meeru*
endereço eletrônico	メールアドレス *meeru adoressu*
enviar *e-mail* a alguém	メールを送る *meeru o okuru*
enviar um *e-mail*	送信 *soochin*
fazer *download*	ダウンロード *daunroodo*
imprimir	印刷 *insatsu*
receber	受信 *djiuchin*
salvar	保存する *hozon suru*
salvo	保存 *hozon*
tecla	キー *kii*
teclado	キーボード *kiiboodo*

Expressando-se

tem algum *cybercafé* aqui perto?
この近くにインターネットカフェはありますか。
kono tchikaku ni intaanetto kafe ua arimas ka?

o(a) senhor(a)/você tem *e-mail*?
メールアドレスはありますか。
meeru adoressu ua arimas ka?

como me conecto?
どうしたらネットワークに接続できますか。
doo chitara nettouaaku ni setsuzoku dekimas ka?

eu só queria ver meus *e-mails*
自分のメールをチェックしたいんですが。
djibun no meeru o tchiekku chitai n des ga

poderia me ajudar, por favor? Não sei direito o que fazer
どうしたらいいのか分かりません。ちょっと手伝ってもらえませんか。
doo chitara ii no ka uakarimassen. tchiotto tetsudatte moraemassen ka?

não consigo achar o arroba neste teclado
アットマークがどこにあるかわかりません。
atto maaku ga doko ni aru ka uakarimassen

não está funcionando
動きません。
ugokimassen

tem algo errado com meu computador, está travado
コンピュータがおかしいです。固まってしまいました。
kompiuuta ga okachii des. katamatte chimaimachta

quanto custa por meia hora?
30分でいくらですか。
sandjippun de ikura des ka?

quando pago?
いつ払ったらいいですか。
itsu harattara ii des ka?

como faço para digitar em português?
どうしたらポルトガル語で打てますか。
doo chitara porutogarugo de utemas ka?

Compreendendo

添付 *tempu* — anexo
受信トレイ *djiuchin toree* — caixa de entrada
送信トレイ *soochin toree* — caixa de saída

会員カードはお持ちですか。
kai'in kaado ua omotchi des ka?
o(a) senhor(a)/você tem a carteirinha de membro?

会員になられますか。
kai'in ni nararemas ka?
gostaria de se afiliar?

身分証明書はお持ちですか。
mibunchoomeecho ua omotchi des ka?
teria algum documento de identidade?

禁煙ブースをご利用になられますか。
kin'en buussu o gori'ioo ni nararemas ka?
gostaria de uma cabine de não fumante?

20分ぐらいお待ちいただきます。
nidjippun gurai omatchi itadakimas
o tempo de espera é de mais ou menos uns 20 minutos

分からないことがあったら、お尋ねください。
uakaranai koto ga attara, otazune kudassai
é só perguntar caso não saiba direito o que fazer

ログオンするのには、このパスワードを入力してください。
logu'on suru no ni ua, kono passu'uaado o niuurioku chite kudassai
é só colocar esta senha para fazer o *login*

TELEFONE

Tendo em vista a grande quantidade de pessoas que possuem telefone celular no Japão, o número de cabines telefônicas é pequeno. Apesar disso, elas foram modernizadas e aceitam os novos cartões telefônicos. Estes podem ser adquiridos nas lojas de conveniências (**kombini**) ou em máquinas automáticas instaladas dentro da própria cabine. Os telefones públicos em cafés geralmente só aceitam moedas. Para ligar para o Brasil, digite 00 55 seguido do código de área da cidade e do número do telefone. Para ligar para o Japão, estando no exterior, digite 00 81 seguido do código de área e do número do telefone, omitindo o primeiro zero.

Para saber se o seu telefone celular funcionará no Japão, é melhor verificar junto à sua operadora. É possível, porém, alugar celulares japoneses, o que pode ser feito nos principais aeroportos do Japão.

Os algarismos dos números de telefone são ditos um a um. Ao serem escritos, os blocos de algarismos são separados por hífen da seguinte forma: 03-1234-5678, o 03 é o código de área para Tóquio, o 1234 é o prefixo da área e o 5678, o número do telefone. O "0" é pronunciado como *zero* ou *lee*.

O básico

alô	もしもし *mochi mochi*
cabine telefônica	電話ボックス *den'ua bokkussu*
cartão de telefone	テレホンカード *terehon kaado*
chamada internacional	国際電話 *kokussai den'ua*
chamada local	市内電話 *chinai den'ua*
ligação nacional	市外電話 *chigai den'ua*
ligar para alguém	電話する *den'ua suru*, 電話をかける *den'ua o kakeru*
lista telefônica	電話帳 *den'ua tchioo*
lista telefônica da NTT	タウンページ *taunpeedji* (*Nippon Telegraph & Telephone*)

mensagem, recado 伝言 dengon, メッセージ messeedji
número de telefone 電話番号 den'ua bangoo
secretária eletrônica 留守番電話 lussuban den'ua
serviço de informações 番号案内 bangoo an'nai
telefone 電話 den'ua
telefone celular 携帯（電話） keetai (den'ua)
telefone público 公衆電話 koochuu den'ua
telefonema 電話 den'ua
toque do telefone 着メロ tchiaku mero

Expressando-se

onde posso comprar um cartão de telefone?
テレホンカードはどこで買えますか。
terehon kaado ua doko de kaemas ka?

eu gostaria de fazer uma chamada a cobrar
コレクトコールをお願いします。
korekuto kooru o onegai chimas

tem alguma cabine telefônica aqui perto, por favor?
この近くに電話ボックスはありますか。
kono tchikaku ni den'ua bokkussu ua arimas ka?

posso pôr meu telefone para carregar aqui?
携帯の充電をここでしてもいいですか。
keetai no djiuuden o koko de chite mo ii des ka?

o(a) senhor(a)/você tem um número de celular?
携帯の番号はありますか。
keetai no bangoo ua arimas ka?

onde posso ligar para o(a) senhor(a)/você?
どこへ連絡したらいいですか。
doko e lenraku chitara ii des ka?

recebeu minha mensagem?
私の伝言は聞いてもらえましたか。
uatachi no dengon ua kiite moraemachta ka?

Compreendendo

おかけになった電話番号は、ただいま使われておりません。
okake ni natta den'ua bangoo ua tadaima tsukauarete orimassen
o número chamado não existe

シャープボタンを押してください。
chaapu botan o ochte kudassai
por favor, digite a tecla com o símbolo #

FAZENDO UMA LIGAÇÃO

Expressando-se

alô, aqui é o ...
もしもし、...ですが。
mochi mochi, ... des ga

alô, posso falar com ..., por favor?
もしもし、...さんはいらっしゃいますか。
mochi mochi, ... san ua iracchaimas ka?

alô, é o sr./sra. Tanaka?
もしもし、田中さんですか。
mochi mochi, tanakassan des ka?

o(a) senhor(a)/você fala inglês?
英語は話せますか。
eego ua hanassemas ka?

poderia falar mais devagar, por favor?
もう少しゆっくり話してくれますか。
moo sukochi iukkuri hanachte kuremas ka?

não estou conseguindo ouvi-lo(a), poderia falar mais alto, por favor?
すみませんが、よく聞こえません。もう少し大きな声で話してくれませんか。
sumimassen ga, ioku kikoemassen. moo sukochi ookina koe de hanachte kuremassen ka?

poderia dizer a ele/ela que liguei?
私から電話があったと伝えてもらえますか。
uatachi kara den'ua ga atta to tsutaete moraemas ka?

poderia pedir a ele/ela para me ligar de volta?
電話をしてくれるように伝えてもらえますか。
den'ua o chite kureru ioo ni tsutaete moraemas ka?

volto a ligar mais tarde
また後でかけ直します。
mata ato de kakenaochimas

meu nome é … e meu número de telefone é …
… と申しますが、電話番号は … です。
… to moochimas ga, den'ua bangoo ua … des

saberia me dizer quando posso encontrá-lo(a)?
いつでしたら、連絡がつきますか。
itsu dechtara, lenraku ga tsukimas ka?

obrigado(a), até logo
では、失礼します。
deua, chitsuree chimas

Compreendendo

どちら様でしょうか。
dotchira sama dechoo ka?
quem está falando?

電話番号をお間違えではありませんか。
den'ua bangoo o omachigae de ua arimassen ka?
o(a) senhor(a)/você ligou errado

ただいま、外出しております。
tadaima gaichutsu chite orimas
ele/ela não está no momento

伝言をお伝えしましょうか。
dengon o otsutae chimachoo ka?
quer deixar recado?

お電話があったことをお伝えいたします。
oden'ua ga atta koto o otsutae chimas
direi a ele/ela que você ligou

電話をかけるように伝えます。
den'ua o kakeru ioo ni tsutaemas
direi a ele/ela para retornar a ligação

少々、お待ちください。
choochoo omatchi kudassai
aguarde um momento

ただいま替わります。
tadaima kauarimas
vou passar para ele/ela

PROBLEMAS

Expressando-se

não sei o código (DDD)
局番がわかりません。
kioku ban ga uakarimassen

está ocupado
話し中です。
hanachi tchiuu des

não está atendendo
誰も出ません。
dare mo demassen

não completou a ligação
つながりませんでした。
tsunagarimassen dechta

meu cartão de telefone já está quase sem crédito
テレホンカードが終わりそうです。
terehon kaado ga ouarissoo des

a linha está prestes a cair
もうすぐ、切れます。
moossugu kiremas

a ligação está muito ruim
受信状態がとても悪いです。
djiuchin djiootai ga totemo uarui des

não estou conseguindo ouvi-lo(a) direito
よく聞こえないんですが。
ioku kikoenai n des ga

não estou conseguindo sinal
圏外のようです。
kengai no ioo des

Compreendendo

何を言っているか聞こえません。
nani o itte iru ka kikoemassen
quase não consigo ouvi-lo(a)

雑音がひどいです。
zatsuon ga hidoi des
a linha está ruim

SAÚDE

As farmácias ficam abertas diariamente das 10h às 19h. Não há farmácias de plantão, mas alguns hospitais atendem 24 horas por dia. No Japão não existem médicos clínicos gerais, de forma que é comum a pessoa ir direto ao hospital para uma consulta com um especialista, em vez de marcar uma consulta médica, mesmo para problemas simples. O número de emergência é **119**.

Placas com os dizeres 薬局 *iakkioku* (farmácia) e 薬 *kussuri* (medicamentos) são usadas para designar tanto as pequenas farmácias como as gôndolas de medicamentos nos hipermercados, ou ainda a rede especializada **Matsumoto Kiyoshi**. Os medicamentos que podem ser comprados sem receita médica são os seguintes: remédios para dor de cabeça (頭痛薬 *zutsuuiaku*), febre (解熱剤 *guenetsuzai*), dor de garganta (のどの痛み止め *nodo no itamidome*), cólicas menstruais (生理痛の薬 *seeritsuu no kussuri*), diarreia (下痢止め *gueridome*) e prisão de ventre (下剤 *guezai*).

Faça um seguro-saúde antes de viajar.

O básico

álcool	消毒用アルコール *choodoku ioo arukooru*
alergia	アレルギー *areruguii*
alergia ao pólen	花粉症 *kafunchoo*
ambulância	救急車 *kiuukiuucha*
analgésico	鎮痛剤 *tchintsuuzai*, 痛み止め *itamidome*
apendicite	盲腸炎 *mootchiooen*
asma	喘息 *zensoku*
aspirina	アスピリン *assupirin*
***band-aid*®**	絆創膏 *bansookoo*
comprimido	錠剤 *djioozai*
dentista	歯医者 *haicha*, 歯科医 *chikai*
desinfectar	消毒する *choodoku suru*

desmaiar	失神する chicchin suru
diarreia	下痢 gueri
dor de cabeça	頭痛 zutsuu
erupção cutânea	発疹 hacchin
espinha	吹き出物 fukidemono
farmácia	薬局 iakkioku, 薬屋 kussuri'ia
febre	熱 netsu
ginecologista	婦人科 fudjinka
gripe	インフルエンザ infuruenza
hospital	病院 biooin
infecção	感染 kansen
intoxicação alimentar	食中毒 chokutchiuudoku
medicamento	薬 kussuri
médico	医者 icha
menstruação	生理 seeri
picada de inseto	虫刺され muchissassare
preservativo	コンドーム kondoomu
pronto-socorro	救急病院 kiuukiuu biooin
quebrado	折れた oreta, 骨折した kossetsu chita
queimadura de sol	ひどい日焼け hidoi hi'iake
radiografia	レントゲン rentoguen
resfriado	風邪 kaze
sangue	血 tchi, 血液 ketsueki
vacina	ワクチン uakutchin
vacinação	予防接種 ioboossecchu
vomitar	吐く haku

Expressando-se

alguém, por acaso, tem uma aspirina/um absorvente interno/um band-aid®?
誰かアスピリン・タンポン・絆創膏を持っていませんか。
dare ka assupirin/tampon/bansookoo o motte imassen ka?

preciso falar com um médico
お医者さんに診てもらわなければなりません。
oichassan ni mite morauanakereba narimassen

onde posso achar um médico?
お医者さんはどこにいますか。
oichassan ua doko ni imas ka?

eu gostaria de marcar uma consulta para hoje
今日の診察の予約をしたいんですが。
kioo no chinsatsu no ioiaku o chitai n des ga

o mais rápido possível
できるだけ早く。
dekiru dake haiaku

não, não tem problema
いいえ、それは大丈夫です。
iie, sore ua daidjioobu des

poderia mandar uma ambulância para …
… へ救急車をお願いします。
… e kiuukiuucha o onegai chimas

quebrei meus óculos
メガネを壊してしまいました。
megane o kouachte chimaimachta

perdi uma lente de contato
コンタクトレンズを失くしてしまいました。
kontakuto lenzu o nakuchte chimaimachta

Compreendendo

救急病院 *kiuukiuu biooin*	pronto-socorro
診療所・医院 *chinsatsudjio/i'in*	consultório médico
処方箋 *chohoossen*	receita médica

木曜日まで予約はいっぱいです。
mokuioobi made ioiaku ua ippai des
não há horários para consultas até quinta-feira

金曜日の午後2時はいかがですか。
kin'ioobi no gogo ni dji ua ikaga des ka?
sexta-feira, às 2h da tarde, está bom?

NO MÉDICO OU NO HOSPITAL

Expressando-se

tenho uma consulta com o dr. ...
… 先生に予約してあります。
… sensee ni ioiaku chite arimas

não estou me sentindo muito bem
気分があまりよくありません。
kibun ga amari ioku arimassen

eu me sinto muito fraco(a)
力が出ません。
tchikara ga demassen

não sei o que é
何かわかりません。
nani ka uakarimassen

fui mordido(a)/picado(a) ...
… にかまれました・刺されました。
… ni kamaremachta/sassaremachta

estou com dor de cabeça
頭が痛いです。
atama ga itai des

estou com dor de garganta
のどが痛いです。
nodo ga itai des

estou com dor de dente/dor de estômago
歯が・おなかが痛いです。
ha ga/onaka ga itai des

minhas costas doem
背中・腰が痛いです。
senaka (parte superior das costas)/kochi (parte inferior das costas/lombar) ga itai des

dói
痛いです。
itai des

dói aqui
ここが痛いです。
koko ga itai des

estou me sentindo mal
吐き気がします。
hakike ga chimas

sou diabético(a)
糖尿病です。
toonioobioo des

piorou
だんだん悪くなってきました。
dandan uaruku natte kimachta

há três dias
もう３日間、こうです。
moo mikka kan koo des

SAÚDE

começou ontem à noite
夕べから始まりました。
iuube kara hadjimarimachta

isto nunca me aconteceu antes
こんなことは初めてです。
kon'na koto ua hadjimete des

estou com febre
熱があります。
netsu ga arimas

tenho asma
喘息があります。
zensoku ga arimas

tenho um problema cardíaco
心臓の持病があります。
chinzoo no djibioo ga arimas

coça
かゆいです。
kaiui des

estou tomando antibiótico há uma semana, mas não estou melhorando
抗生物質を一週間飲んでいますが、よくなりません。
kooseebucchitsu o icchuukan nonde imas ga, ioku narimassen

eu tomo pílula anticoncepcional
ピル・ミニピルを飲んでいます。
piru/minipiru o nonde imas

estou grávida de … meses
妊娠 … ヶ月です。
ninchin … ka guetsu des

sou alérgico(a) a penicilina
ペニシリンのアレルギーがあります。
penichirin no areruguii ga arimas

torci o tornozelo
足首をひねりました。
achikubi o hinerimachta

eu caí e machuquei as costas
落ちて腰を痛めました。
ochte kochi o itamemachta

tive um desmaio/uma vertigem
一瞬、気を失いました。
icchun ki o uchinaimachta

perdi uma obturação
歯の詰め物がとれました。
ha no tsumemono ga toremachta

não quero extrair o dente
歯を抜かないでください。
ha o nukanaide kudassai

é grave?
かなり重いですか。
kanari omoi des ka?

é contagioso?
うつりますか。
utsurimas ka?

como ele/ela está?
様子はどうですか。
ioossu ua doo des ka?

quanto lhe devo?
おいくらですか。
oikura des ka?

poderia me dar um recibo, pois assim posso conseguir o reembolso?
払い戻してもらうので、領収書をもらえませんか。
haraimodochte morau node, lioochuucho o moraemassen ka?

Compreendendo

待合室でお待ちください。
matchiaichitsu de omatchi kudassai
se quiser, aguarde na sala de espera

どこが痛みますか。
doko ga itamimas ka?
onde dói?

深く息をしてください。
fukaku iki o chite kudassai
respire fundo

横になってください。
ioko ni natte kudassai
deite-se, por favor

ここを押すと痛みますか。
koko o ossu to itamimas ka?
dói quando eu aperto aqui?

… にアレルギーがありますか。
… ni areruguii ga arimas ka?
é alérgico(a) a …?

他に薬を飲んでいますか。
hoka ni kussuri o nonde imas ka?
está tomando algum outro medicamento?

… の予防接種はしましたか。
… no ioboossecchu ua chimachta ka?
o(a) senhor(a)/você é vacinado contra …?

処方箋を出しておきます。
chohoossen o dachte okimas
vou lhe dar uma receita

すぐ治るはずです。
sugu naoru hazu des
deve sarar logo

手術が必要です。
chudjiutsu ga hitsuioo des
vai ser preciso fazer uma cirurgia

一週間後にもう一度来てください。
icchuu kan go ni moo itchi do kite kudassai
volte daqui a uma semana

SAÚDE

数日のうちによくなるはずです。
suu nitchi no utchi ni ioku naru hazu des
deve melhorar em poucos dias

NA FARMÁCIA

Expressando-se

eu queria uma caixa de *band-aid*®, por favor
絆創膏を一箱ください。
bansookoo o hito hako kudassai

tem algum remédio para um resfriado forte?
ひどい風邪を引きました。薬をください。
hidoi kaze o hikimachta. kussuri o kudassai?

preciso de um remédio para tosse
セキの薬をください。
seki no kussuri o kudassai

sou alérgico(a) a aspirina
アスピリンのアレルギーがあります。
assupirin no areruguii ga arimas

eu queria um frasco de solução para lentes de contato gelatinosas
ソフトコンタクトレンズの保存液をください。
sofuto kontakuto lenzu no hozon eki o kudassai

Compreendendo

塗る *nuru*	aplicar
処方箋が必要 *chohoossen ga hitsuioo*	venda somente com receita médica
食前・食後・食間 *choku zen/choku go/chokkan*	antes/depois/entre as refeições
カプセル *kapusseru*	cápsula
禁忌 *kinki*	contraindicações
クリーム *kuriimu*	creme
軟膏 *nankoo*	pomada

副作用の可能性 *fukussaioo no kanoossee* — possíveis efeitos colaterais
散薬 *san'iaku* — pó
座薬 *zaiaku* — supositórios
シロップ剤 *chiroppu zai* — xarope
錠剤 *djioozai* — comprimido

一日3回、食前にお飲みください。
itchi nitchi san kai, choku zen ni onomi kudassai
tomar três vezes ao dia, antes das refeições

SAÚDE

PROBLEMAS E EMERGÊNCIAS

Em caso de emergência, ligue **110** para chamar a polícia e **119** para bombeiros e ambulância. Observe que se você ligar para o 119 terá de especificar o tipo de serviço que está solicitando: *chooboocha o onegai chimas* para bombeiros ou *kiuukiuucha o onegai chimas* para uma ambulância.

O Japão tem um sistema de delegacias/postos policiais aberto 24 horas por dia (**kôban**), que serve de base para os policiais do bairro (**omawari-san**). Se você precisar de informação sobre direções e caminhos, se tiver perdido algo ou tiver algum tipo de emergência, este é um bom lugar para ir.

Observe que, quando se trata de preencher papéis ou coisas do gênero, os japoneses usam selos em vez de assinaturas. Desse modo, talvez você tenha que dar as suas impressões digitais em lugar do selo.

O básico

acidente	事故 *djiko*
ambulância	救急車 *kiuukiuucha*
bombeiros	消防隊 *choobootai*
deficiente	障害者 *choogaicha*
doença	病気 *biooki*
emergência	緊急 *kinkiuu*
ferido	怪我 *kega*
fogo	火事 *kadji*
guarda costeira	沿岸警備隊 *engan keebitai*
hospital	病院 *biooin*
médico	医者 *icha*
polícia	警察 *keessatsu*
posto policial	交番 *kooban*
quebrado	折れた *oreta*, 骨折した *kossetsu chita*
tarde demais	遅い *ossoi*

Expressando-se

poderia me ajudar?
手伝ってくれませんか。
tetsudatte kuremassen ka?

socorro!
助けて
tassukete!

cuidado!
気をつけろ
ki o tsukero!

terremoto!
地震だ
djichin da!

fogo!
火事だ
kadji da!

é uma emergência!
緊急です
kinkiuu des!

poderia me emprestar seu telefone, por favor?
電話を貸してもらえませんか。
den'ua o kachte moraemassen ka?

houve um acidente
事故がありました。
djiko ga arimachta

alguém aqui fala inglês?
英語が話せる人はいませんか。
eego ga hanasseru hito ua imassen ka?

preciso entrar em contato com o consulado/a embaixada do Brasil
ブラジル領事館・大使館に連絡しなければなりません。
buradjiru lioodjikan/taichikan ni lenraku chinakereba narimassen

onde fica a delegacia de polícia mais próxima?
一番近い警察署はどこですか。
itchiban tchikai keessatsucho ua doko des ka?

o que tenho de fazer?
どうしたらいいですか。
doo chitara ii des ka?

meu passaporte/cartão de crédito foi roubado
パスポート・クレジットカードを盗まれました。
passupooto/kuredjitto kaado o nussumaremachta

minha bolsa foi roubada
かばんをひったくられました。
kaban o hittakuraremachta

perdi ...
... を失くしました。
... o nakuchimachta

PROBLEMAS E EMERGÊNCIAS

131

estou perdido(a)
道に迷いました。
mitchi ni maioimachta

fui atacado(a)
襲われました。
ossouaremachta

meu filho/minha filha desapareceu
息子・娘がいなくなりました。
mussuko/mussume ga inaku narimachta

meu carro foi guinchado
車がレッカー車に持っていかれました。
kuruma ga lekkaacha ni motte ikaremachta

meu carro quebrou
車が故障しました。
kuruma ga kochoo chimachta

meu carro foi arrombado
車上荒らしにあいました。
chadjioo arachi ni aimachta

tem um homem me seguindo
私の後をつけてくる男の人がいます。
uatachi no ato o tsukete kuru otoko no hito ga imas

tem acesso para deficientes?
障害者が使えるようになっていますか。
choogaicha ga tsukaeru ioo ni natte imas ka?

poderia dar uma olhadinha nas minhas coisas por um minuto?
ちょっと荷物を見ていてくれますか。
tchiotto nimotsu o mite ite kuremas ka?

ele está se afogando, chame ajuda!
人が溺れています。助けて
hito ga oborete imas. tassukete!

Compreendendo

猛犬注意 *mooken tchiuui*	cuidado com o cão
故障修理 *kochoo chuuri*	socorro mecânico
非常口 *hidjiogutchi*	saída de emergência
落し物・遺失物 *otochimono/ichitsubutsu*	achados e perdidos

山岳救助隊 sangaku kiuudjiotai   socorro na montanha
故障中 kochoo tchiuu   fora de serviço

POLÍCIA

Expressando-se

eu gostaria de denunciar um roubo
盗難の届け出をしたいんですが。
toonan no todokede o chitai n des ga

preciso de um documento da polícia para minha companhia de seguros
保険請求のため、警察の証明書が要ります。
hoken seekiuu no tame, keessatsu no choomeicho ga irimas

Compreendendo

Preenchendo formulários

姓・名字 see/mioodji	sobrenome
名・名前 mee/namae	nome
住所 djiuucho	endereço
郵便番号 iuubin bangoo	código de endereçamento postal (CEP)
国 kuni	país
国籍 kokusseki	nacionalidade
生年月日 seenengappi	data de nascimento
出生地 chusseetchi	local de nascimento
年齢 nenree	idade
性別 seebetsu	sexo
滞在期間 taizai kikan	tempo de estadia
入国・出国日 niuukoku/chukkoku bi	data da chegada/partida
職業 chokuguioo	profissão
旅券番号 lioken bangoo	número do passaporte

この品物には関税がかかります。
kono chinamono ni ua kanzee ga kakarimas
é preciso pagar uma taxa alfandegária sobre esse item

かばんを開けてください。
kaban o akete kudassai
poderia abrir essa bolsa, por favor?

何がなくなっていますか。
nani ga naku natte imas ka?
o que está faltando?

いつ起きましたか。
itsu okimachta ka?
quando aconteceu isso?

どこに泊まっていますか。
doko ni tomatte imas ka?
onde o(a) senhor(a)/você está hospedado(a)?

どんな人・ものですか。
don'na hito (para pessoas)/mono (para objetos) des ka?
poderia descrevê-lo(a)?

この用紙に記入してください。
kono ioochi ni kiniuu chite kudassai
poderia preencher este formulário, por favor?

ここに署名・サインしてください。
koko ni chomee/sain chite kudassai
poderia assinar aqui, por favor?

ここに拇印を押してください。
koko ni boin o ochte kudassai
poderia dar suas impressões digitais aqui, por favor?

Algumas expressões informais

おまわり（さん）*omauari (san)* tira, policial
ブタ箱 *butabako* cadeia, xadrez
パクられる *pakurareru* ir em cana (ser preso)
盗まれる *nussumareru* ser surrupiado/roubado

HORA E DATA

O básico

à noite	夜 ioru
agora	今 ima
ainda	まだ mada
ainda não	まだ … ない mada … nai
ano	年 tochi/nen
antes	…の前に … no mae ni
ao anoitecer/entardecer	夕方 iuugata
após	…の後で … no ato de
às vezes	ときどき tokidoki
até	まで made
cedo	早い haiai
de … a/até …	…から…まで … kara … made
de tempos em tempos	ときどき tokidoki
desde	…から … kara
dia	日 nitchi/hi
diurno	昼間 hiruma
durante	…の間 … no aida
em meados de	…の最中 … no saitchiuu
em um instante	まもなく mamonaku
entre … e …	…と…の間 … to … no aida
fim de semana	週末 chuumatsu
frequentemente	よく ioku
imediatamente	ただちに tadatchi ni, すぐに sugu ni
já	もう moo
logo	すぐ sugu
manhã	朝 assa, 午前中 gozen tchiu
meia-noite	真夜中 maionaka
meio-dia	正午 choogo
mês	月 tsuki/guetsu
na hora do almoço	昼食の時間 tchiuuchoku no djikan
no começo/fim de	…の始めに・終わりに … no hadjime ni/ouari ni
no momento	今のところ ima no tokoro
nunca	決して…ない kecchite … nai

ocasionalmente	時折 tokiori
por muito tempo	長い間 nagai aida
próximo, seguinte	次の tsugui no
raramente	めったに ... ない metta ni ... nai
recentemente	最近 saikin
semana	週 chuu chuu
sempre	いつも itsumo
tarde (adj)	遅い ossoi
atrasado	遅れて okurete
tarde da noite	夜 ioru, 晩 ban
último	前の mae no

Expressando-se

até logo!
じゃ、また。
djia, mata

até mais tarde!
また、後で。
mata ato de

até segunda-feira!
月曜日に会いましょう。
guetsuioobi ni aimachoo

bom fim de semana!
よい週末を。
ioi chuumatsu o

desculpe, estou atrasado(a)
遅れてすみません
okurete sumimassen

nunca estive lá
まだ行ったことがありません。
mada itta koto ga arimassen

não tive tempo para ...
... する時間がありませんでした。
... suru djikan ga arimassen dechta

estou com bastante tempo
時間はたっぷりあります。
djikan ua tappuri arimas

estou com pressa
急いでいます。
issoide imas

rápido!
急いで。
issoide!

só um minuto, por favor
ちょっと待ってください。
tchiotto matte kudassai

tive uma longa noite
昨日は夜遅かったんです。
kinoo ua ioru ossokatta n des

acordei muito cedo
とても早く起きました。
totemo haiaku okimachta

esperei séculos
ずいぶん待ちました。
zuibun matchimachta

só temos mais quatro dias
あと4日しかありません。
ato iokka chika arimassen

tenho de acordar muito cedo amanhã para pegar o meu voo
飛行機に乗るので、明日はすごく早く起きなければなりません。
hikooki ni noru node achta ua sugoku haiaku okinakereba narimassen

A DATA

A data pode ser escrita de dois modos diferentes, dependendo de estar indicada de acordo com o calendário ocidental ou o japonês, que é baseado nos reinados imperiais. É sempre escrita da seguinte forma: ano (年 nen), mês (月 gatsu) e dia (日 nitchi). Por exemplo, 2006 年3月15日 (15 de março de 2006), que seria equivalente a 平成18年 (18º ano da era Heisei).

O ideograma 日 (dia) é pronunciado de modos diferentes, dependendo de estar relacionado a um dia da semana (segunda-feira, terça-feira etc.), a um dia do mês (1º de maio, 2 de maio etc.) ou a um dia específico (hoje, ontem, anteontem etc.). O mesmo se aplica ao ideograma 月 (mês). O sistema de contagem dos dias e meses combina números japoneses (de 1 a 10, com algumas exceções) e números chineses (ver item sobre os números).

O básico

amanhã	明日 achta
amanhã de manhã/à tarde/ à noite	明日の朝・午後・夕方 achta no assa/gogo/iuugata
anteontem	おととい ototoi
em dois dias	2日後 futsuka go
esta semana/este mês/ este ano	今週・今月・今年 kon chuu/kon guetsu/kotochi
há ...	前 ... mae
hoje	今日 kioo
hoje à noite	今晩 komban
hoje de manhã	今朝 kessa
na noite passada	昨夜 sakuia, ゆうべ iuube
na semana passada/no mês passado	先週・先月・去年 sen chuu/sen guetsu/kio nen
na semana/no mês/no ano que vem	来週・来月・来年 lai chuu/lai guetsu/lai nen
ontem	昨日 kinoo
ontem de manhã/à tarde/ à noite	昨日の朝・午後・夕方 kinoo no assa/gogo/iuugata

Dias da semana

segunda-feira	月曜日 guetsuioobi
terça-feira	火曜日 kaioobi
quarta-feira	水曜日 suiioobi
quinta-feira	木曜日 mokuioobi
sexta-feira	金曜日 kin'ioobi
sábado	土曜日 doioobi
domingo	日曜日 nitchiioobi

Datas

Datas do dia 11 ao 19 são escritas da seguinte forma: número + 日 nitchi.
Números de dias do 11 ao 19 e do 21 ao 31 são escritos da seguinte forma: número + 日間 nitchi kan.

primeiro	一日 *tsuitatchi*	**1 dia**	一日中 *itchi nitchi djiuu*
segundo	二日 *futsuka*	**2 dias**	二日間 *futsuka kan*
terceiro	三日 *mikka*	**3 dias**	三日間 *mikka kan*
quarto	四日 *iokka*	**4 dias**	四日間 *iokka kan*
quinto	五日 *itsuka*	**5 dias**	五日間 *itsuka kan*
sexto	六日 *muika*	**6 dias**	六日間 *muika kan*
sétimo	七日 *nanoka*	**7 dias**	七日間 *nanoka kan*
oitavo	八日 *iooka*	**8 dias**	八日間 *iooka kan*
nono	九日 *kokonoka*	**9 dias**	九日間 *kokonoka kan*
décimo	十日 *tooka*	**10 dias**	十日間 *tooka kan*
décimo primeiro	十一日 *djiuuitchi nitchi*	**11 dias**	十一日間 *djiuuitchi nitchi kan*
décimo quarto	十四日 *djiuuiokka*		
vigésimo	二十日 *hatsuka*		
vigésimo quarto	二十四日 *nidjiuuiokka*		

Meses

janeiro	一月 *itchigatsu*
fevereiro	二月 *nigatsu*
março	三月 *sangatsu*
abril	四月 *chigatsu*
maio	五月 *gogatsu*
junho	六月 *lokugatsu*
julho	七月 *chitchigatsu*
agosto	八月 *hatchigatsu*
setembro	九月 *kugatsu*
outubro	十月 *djiuugatsu*
novembro	十一月 *djiuuitchigatsu*
dezembro	十二月 *djiuunigatsu*

Número de meses

1 mês	一ヶ月 *ikkaguetsu*
2 meses/bimestre	二ヶ月 *nikaguetsu*
6 meses/semestre	六ヶ月 *lokkaguetsu*
10 meses	十ヶ月 *djiukkaguetsu*

HORA E DATA

Expressando-se

nasci em 1975
1975年に生まれました。
sen kiuuhiaku nanadjiuugo nen ni umaremachta

eu vim aqui há alguns anos
数年前にここに来ました。
suu nen mae ni koko ni kimachta

passei um mês no Japão no ano passado
去年の夏、一ヶ月日本にいました。
kio nen no natsu, ikkaguetsu nihon ni imachta

estive aqui no ano passado nessa mesma época
去年の今頃もここにいました。
kionen no ima goro mo koko ni imachta

qual a data de hoje?
今日は何日ですか。
kioo ua nan nitchi des ka?

que dia é hoje?
今日は何曜日ですか。
kioo ua nan ioobi des ka?

é 1º de maio
5月1日です。
gogatsu tsuitatchi des

vou ficar até domingo
日曜日までいます。
nitchiioobi made imas

vamos embora amanhã
明日、出発します
achta chuppatsu chimas

já tenho planos para terça-feira
火曜日はもう予定があります。
kaioobi ua moo iotee ga arimas

HORA E DATA

140

Compreendendo

一度 *itchi do*, 一回 *ikkai*/二度 *ni do*, 二回 *ni kai* — uma vez/duas vezes

一時間に三回 *itchi djikan ni san kai*/一日に三回 *itchi nitchi ni san kai* — três vezes por hora/dia

毎日 *mai nitchi* — todo dia

毎週月曜日 *mai chuu guetsuioobi* — toda segunda-feira

19世紀の中頃に建てられました。
djiuukiuu seeki no naka goro ni tateraremachta
foi construído(a) em meados do século XIX

ここは夏、とても混みます。
koko ua natsu, totemo komimas
aqui fica muito cheio no verão

いつ出発されますか。
itsu chuppatsu saremas ka?
quando vocês vão embora?

どのくらい滞在されますか。
dono kurai taizai saremas ka?
por quanto tempo vocês vão ficar?

O TEMPO

A palavra **ni** só é usada para se referir a um horário específico em horas e minutos: 時に ... *dji ni* (às ... horas). A terminação **kan** indica duração: 時間 ... *djikan* (por ... horas). A palavra **fun** (minuto) tem sua pronúncia alterada para *pun* quando seguida de alguns números.

As palavras **goro** e **kurai** (ou **gurai**) são usadas com datas aproximadas. *Goro* é usada quando se fala de um ponto no tempo: 3時頃 *san dji goro* (por volta das 3h). **Kurai/gurai** referem-se à duração: 3時間位 *san djikan gurai* (por cerca de três horas).

O básico

à tarde	午後に gogo ni
cedo	早い haiai
de manhã	朝 assa, 午前中に gozen tchiuu ni
meia hora	30分 sandjippun
meia-noite	真夜中 maionaka
meio-dia	正午 choogo
na hora, pontual	時間通りに djikan doori ni
quarenta e cinco minutos	45分 iondjiuugo fun
quinze minutos	15分 djiuugo fun
tarde (adj)	遅い ossoi, 遅れて okurete

Expressando-se

que horas são?
何時ですか。
nan dji des ka?

desculpe, o(a) senhor(a)/você tem horas, por favor?
すみません、時間が分かりますか。
sumimassen, djikan ga uakarimas ka?

são 3h em ponto
ちょうど3時です。
tchioodo san dji des

é quase 1h
1時近いです。
itchi dji tchikai des

é 1 e 10
1時10分です。
itchi dji djippun des

é 1 e 15
1時15分です。
itchi dji djiuugo fun des

são 15 para a 1
12時45分です。
djiuuni dji iondjiuugo fun des

é meio-dia e 20
12時20分です。
djiuuni dji nidjippun des

são 20 para o meio-dia
11時40分です。
djiuuitchi dji iondjippun des

é 1 e meia
1時半です。
itchi dji han des

fui para a cama lá pelas 2h
2時ごろ寝ました。
ni dji goro nemachta

coloquei o despertador para as 9h
9時に目覚ましをかけておきました。
ku dji ni mezamachi o kakete okimachta

esperei vinte minutos
20分、待ちました。
nidjippun matchimachta

o trem estava quinze minutos atrasado
列車が15分遅れました。
leccha ga djiuugo fun okuremachta

cheguei em casa há uma hora
一時間前に家に着きました。
itchi djikan mae ni ie ni tsukimachta

vamos nos encontrar daqui a meia hora?
30分後に会いましょうか。
sandjippun go ni aimachoo ka?

volto em quinze minutos
15分後に戻って来ます。
djiuugo fun go ni modotte kimas

tem uma diferença de doze horas entre o Brasil e o Japão
ブラジルと日本の間には12時間、時差があります。
buradjiru to nihon no aida ni ua djiuuni djikan djissa ga arimas

Compreendendo

10時から30分毎に出発
djiuu dji kara sandjippun goto ni chuppatsu
partidas de meia em meia hora, após as 10h

午前10時から午後4時まで営業
gozen djiuu dji kara gogo io dji made eegioo
aberto das 10h às 16h

毎晩7時からです。
mai ban chitchi dji kara des
é toda noite, às 19h

HORA E DATA

1時間半ぐらいかかります。
itchi djikan han gurai kakarimas
dura cerca de uma hora e meia

朝、10時に開きます。
assa djiuu dji ni akimas
abre às 10h da manhã

> **Algumas expressões informais**
> 2時ぴったりに *ni dji pittari ni* às 2h em ponto
> 8時過ぎたばかりで *hatchi dji suguita bakari de* acabou de dar 8h

NÚMEROS

O sistema numérico japonês é bastante complexo, de forma que até mesmo os falantes nativos às vezes se confundem. Ele mistura pronúncias do japonês com outras derivadas do chinês. As que são baseadas no chinês são usadas para contar números e para fazer contas. Vários "sufixos numerais" são adicionados a estas para contar objetos; o "sufixo numeral" depende do tipo de objeto que está sendo contado (ver lista abaixo). Por exemplo, *ko* é usado quando se fala de objetos de tamanho médio (três maçãs *lingo san ko*); *hon* é usado para objetos longos e finos (dois lápis *empitsu ni hon*); e *mai* para objetos planos (três selos *kitte sam mai*). Há, ainda, os números japoneses de 1 a 10, que podem ser usados para contar todo tipo de objeto; porém, depois do 10, você precisará usar os números baseados no chinês, juntamente com o sufixo apropriado. Não entre em pânico! As pessoas irão entendê-lo ainda que você use erroneamente um desses sufixos numerais. É útil saber que o *ko* é de longe o sufixo numeral mais usado.

Quando o item que está sendo contado é o objeto direto da oração, a estrutura usada é a seguinte: objeto + o + número e sufixo + verbo. Por exemplo, *hamu o go mai kudassai* (eu gostaria de cinco fatias de presunto); *koohii o ni hai kudassai* (dois cafés, por favor).

Além de usarem equivalentes a "dezenas", "centenas" e "milhares", os japoneses também usam muito a palavra *man*, que designa "dez milhares". Isso significa que 30.000 é "três dez milhares" *san'man*; 35.000 é "três dez milhares e cinco mil" *san'man go sen*; e 1.000.000 é "cem dez milhares" *hiaku man*. Lembre-se disso ao fazer compras!

Números japoneses

1	ひとつ *hitotsu*
2	ふたつ *futatsu*
3	みっつ *mittsu*
4	よっつ *iottsu*
5	いつつ *itsutsu*
6	むっつ *muttsu*

7	ななつ *nanatsu*
8	やっつ *iattsu*
9	ここのつ *kokonotsu*
10	とお *too*

Números baseados no chinês

0	ゼロ *zero*, 零 *lee*
1	一 *itchi*
2	二 *ni*
3	三 *san* (pronunciado como *sam* antes de *m*, *p* e *b*)
4	四 *chi/ion* (pronunciado como *iom* antes de *m*, *p* e *b*)
5	五 *go*
6	六 *loku*
7	七 *chitchi/nana*
8	八 *hatchi*
9	九 *kiuu/ku*
10	十 *djiuu*
11	十一 *djiuuitchi*
12	十二 *djiuuni*
13	十三 *djiuussan*
14	十四 *djiuuion/djiuuchi*
15	十五 *djiuugo*
16	十六 *djiuuroku*
17	十七 *djiuuchitchi/djiuunana*
18	十八 *djiuuhatchi*
19	十九 *djiuukiuu/djiuuku*
20	二十 *nidjiuu*
21	二十一 *nidjiuuitchi*
22	二十二 *nidjiuuni*
30	三十 *sandjiuu*
35	三十五 *sandjiuugo*
40	四十 *iondjiuu*
50	五十 *godjiuu*
60	六十 *lokudjiuu*
70	七十 *nanadjiuu*
80	八十 *hatchidjiuu*

90	九十	*kiuudjiuu*
100	百	*hiaku*
101	百一	*hiakuitchi*
200	二百	*nihiaku*
300	三百	*sambiaku*
500	五百	*gohiaku*
600	六百	*loppiaku*
800	八百	*happiaku*
1000	千	*sen*
2000	二千	*nissen*
3000	三千	*sanzen*
10000	一万	*itchiman*
100000	十万	*djiuuman*
1000000	百万	*hiakuman*
primeiro	一番目	*itchiban'me*, 最初 *saicho*
segundo	二番目	*niban'me*
terceiro	三番目	*samban'me*
quarto	四番目	*iomban'me*
quinto	五番目	*goban'me*
sexto	六番目	*lokuban'me*
sétimo	七番目	*nanaban'me*
oitavo	八番目	*hatchiban'me*
nono	九番目	*kiuuban'me*
décimo	十番目	*djiuuban'me*
vigésimo	二十番目	*nidjiuuban'me*

NÚMEROS

20 mais 3 é igual a 23
20足す3は23
nidjiuu tassu san ua nidjiuussan

20 menos 3 é igual a 17
20引く3は17
nidjiuu hiku san ua djiuunana

20 multiplicado por 4 é igual a 80
20かける4は80
nidjiuu kakeru ion ua hatchidjiuu

20 dividido por 4 é igual a 5
20割る4は5
nidjiuu uaru ion ua go

"Sufixos numerais"

Conforme acima mencionado, você será compreendido mesmo que não use corretamente os sufixos numerais. Entretanto, é útil familiarizar-se com os mais comuns. A pronúncia deles pode se alterar quando combinados com determinados números.

枚 mai	objetos planos (*pedaços de papel etc.*)
個 ko	objetos de tamanhos pequeno a médio (*maçãs etc.*)
本 hon/pon/bom	objetos longos e finos (*canetas etc.*)
杯 hai/pai	xícaras/copos cheios (*observe que 一杯 ippai para uma xícara/um copo*)
軒 ken	prédios
冊 satsu	livros, revistas etc.

DICIONÁRIO

PORTUGUÊS-JAPONÊS

A

a dez milhas de distância 10キロ離れている djikkiro hanarete iru
a ela 彼女 kanodjio
à prova d'água 防水 boossui
abaixo 以下 ika
abaixo de ... の下 ... no chita
abastecer いっぱいにする ippai ni suru; **abastecer com gasolina** 満タンにする man tan ni suru
abelha 蜂 hatchi
aberto(a) 開いている aite iru
abridor de garrafas 栓抜き sen'nuki
abridor de latas 缶切り kankiri
abril 四月 chigatsu
abrir (vt) 開ける akeru; (vi) 開く hiraku
absorventes higiênicos 生理用ナプキン seeri ioo napukin
acabar なくなる naku naru; **acabar a gasolina** ガソリンが切れた gassorin ga kireta
acabei de chegar 着いたばかりだ tsuita bakari da
acampar キャンプする kiampu suru
aceitar 受け入れる ukeireru
acender (fogo) 火をつける hi o tsukeru
acesso アクセス akussessu
acidente 事故 djiko
acima ... の上 ... no ue
acima de ... の上に ... no ue ni
aconselhar アドバイスする adobaissu suru
acontecer 起きる okiru
acordar 目が覚める me ga sameru
açougue 肉屋 nikuia
acreditar 信じる chindjiru
açúcar 砂糖 satoo
adaptador アダプター adaputaa
administrar 管理する kanri suru
adoecer 病気になる biooki ni naru
adolescente ティーンエージャー tiin'eedjiaa
adormecer 眠りに落ちる nemuri ni otchiru
advogado 弁護士 bengochi
aeroporto 空港 kuukoo
afirmação 声明 seemee
afogar おぼれる oboreru
agência de correio 郵便局 iuubinkioku
agência de viagens 旅行代理店 liokoo dairiten
agora 今 ima
agosto 八月 hatchigatsu
agradecer 感謝する kancha suru
água (fria) 水 mizu; (quente) お湯 oiu
água mineral ミネラルウォーター mineraru uootaa
água não potável 飲めません nomemassen
água potável 飲み水 nomi mizu
aguarde um momento! (no telefone) 少々、お待ちください choochoo omatchi kudassai
ainda まだ mada
ainda não まだ ... ない mada ... nai
ajudar 手伝う tetsudau
albergue da juventude ユースホステル iuussu hossuteru

149

álcool (bebida) アルコール arukooru, 酒 sake; (cirúrgico) 消毒用アルコール choodoku ioo arukooru
Alemanha ドイツ doitsu
alergia ao pólen 花粉症 kafunchoo
alérgico(a) アレルギー areruguii
alfândega 税関 zeekan
alga 海草 kaissoo
algo 何か nani ka, 何も nani mo; **algo mais** 他のもの hoka no mono
algodão 綿 men
algodão (hidrófilo) 脱脂綿 dacchimen
alguém 誰か dare ka, 誰も dare mo
algum, alguns, alguma, algumas いくらかの ikura ka (subst + no); **algumas pessoas** ある人たち aru hitotachi
almoçar 昼食・昼ごはんを食べる tchiuuchoku/hirugohan o taberu
almoço 昼食 tchiuuchoku, 昼ごはん hirugohan
alta fidelidade ハイファイ haifai
alto(a) 背が高い se ga takai; 高い takai
altura (de pessoas) 身長 chintchioo; (de coisas) 高さ takassa
alugar (de) 賃借りする tchingari suru, レンタルする lentaru suru; (para) 賃貸する tchintai suru
aluguel 家賃 iatchin, レンタルする lentaru suru, レンタル lentaru, 賃借り tchingari
aluguel de carro レンタカー lentakaa
amanhã 明日 achta; **amanhã à noite** 明日の晩 achta no ban; **amanhã de manhã** 明日の朝 achta no assa
amarelo (subst) 黄色 kiiro
amarelo(a) (adj) 黄色い kiiroi
amarrar 結ぶ mussubu
amável 親切な chinsetsu na
ambos 両方 lioohoo; **ambos de nós** 二人とも futari tomo

ambulância 救急車 kiuukiuucha
americano(a) (adj) アメリカの amerika no
americano(a) (subst) アメリカ人 amerikadjin
amigo(a) 友達 tomodatchi, 友人 iuudjin
andar, pavimento 階 kai
andar de baixo 階下 kaika
anel 指輪 iubiua
anestésico 麻酔 massui
animação (filme de desenho animado) アニメ(アニメーション) anime (animeechon)
animal 動物 doobutsu
aniversário 誕生日 tandjioobi
ano 年 tochi/nen
Ano-Novo お正月 ochoogatsu
anoitecer 夕方 iuugata
ânsia de vômitos 吐き気がする hakike ga suru
antecedente 前の mae no
antecipadamente 前もって mae motte
anteontem おととい ototoi
anterior 前の mae no
antes 前に mae ni
antes de ... の前に ... no mae ni, 以前 izen
antibiótico 抗生物質 koossee bucchitsu
anticoncepcional 避妊 hinin
ao lado de ... の隣 ... no tonari
ao passo que として tochte
ao ponto (carne) ミディアム midiamu
ao redor 周りに mauari ni
apagão 停電 teeden
apendicite 盲腸炎 mootchiooen
apertado(a) きつい kitsui
apimentado, picante 辛い karai
apontar 点 ten
aprender 学ぶ manabu, 習う narau
aproximadamente 大体 daitai
aquecimento (calefação) 暖房 damboo

aquele(a) あの (ano + subst); **aquele(a) lá** あれ are
aqueles, aquelas その (sono + subst), あの (ano + subst); **aqueles ali, aquelas ali** それ sore, あれ are
ar 空気 kuuki
ar-condicionado エアコン eakon
aranha クモ kumo
área 地域 tchi'iki; **na área** のあたりで no atari de
areia 砂 suna
armadilha para turistas 観光名所 kankoo meecho
arremessar 投げる nagueru
arrumado(a) きちんとした kitchin to chita
arte 芸術 gueedjiutsu
artista 芸術家 gueedjiutsuka
árvore 木 ki
às vezes ときどき tokidoki
asma 喘息 zensoku
aspirina アスピリン assupirin
assar 焼く iaku
assento 席 seki
assim que ... だけでなく ... dake de naku
assinar サインする sain suru, 署名する chomee suru
assinatura サイン sain, 署名 chomee
assistir 見る miru
assustado 怖い kouai
atacar 襲う ossou
atadura, curativo 包帯 hootai
atalho 近道 tchika mitchi
ataque cardíaco 心臓まひ chinzoo mahi
até ... まで ... made
até amanhã! じゃ、また明日 djia, mata achta
até breve! じゃ、また djia, mata
até logo さようなら saioonara
até logo! じゃ、また後で djia, mata ato de
atingir, alcançar 届く todoku
atrás 後ろ uchiro; **atrás de ...** の後ろに ... no uchiro ni
atrasado(a) 遅れた okureta
atraso 遅延 tchien, 遅れ okure
atualmente 最近 saikin
autoconfiante 自信 djichin
avariar 故障する kochoo suru
avião 飛行機 hikooki
avisar 注意する tchiuui suru
azar uarui
azul (subst) 青 ao; (adj) 青い aoi

B

bagagem 荷物 nimotsu
bagagem de mão 手荷物 tenimotsu
baixo(a) 低い hikui
baldeação, transferência 乗り換え norikae
balsa フェリー ferii
banca de jornal 新聞売り場 chimbun uriba
banco (instituição financeira) 銀行 guinkoo
band-aid® 絆創膏 bansookoo
banheiro 風呂場 furoba
banho 風呂 furo, バス bassu; **tomar um banho** 風呂に入る furo ni hairu
banho de sol 日光浴する nikkooioku suru
bar バー baa
barata (inseto) ゴキブリ gokiburi
barato(a) 安い iassui
barba あごひげ agohigue
barbeador elétrico 電気かみそり denki kamissori
barbear そる soru
barco ボート booto, 船 fune
barraca テント tento
barulhento(a) うるさい urussai
barulho 音 oto; **fazer barulho** 音を立てる oto o tateru

DICIONÁRIO PORTUGUÊS-JAPONÊS

bastante かなりたくさん *kanari takussan*
batatas fritas フライドポテト *furaido poteto*
bater, colidir こぶ *kobu*
bateria, pilha 電池 *dentchi*
bêbado(a) 酔っ払った *iopparatta*
bebê 赤ん坊 *akamboo*, 赤ちゃん *akatchian*
beber 飲む *nomu*
bebida 飲み物 *nomimono*; **sair para tomar uma bebida** 飲みに行く *nomi ni iku*; **tomar uma bebida** 飲む *nomu*
beira-mar 海辺で *umibe de*
bem ao lado すぐ隣に *sugu tonari ni*
bem-vindo(a) 歓迎する *kanguee suru*; **seja bem-vindo(a)!** ようこそ *iookosso*; **vocês são bem-vindos** どういたしまして *doo itachimachte*
bem: estou bem 大丈夫 *daidjioobu*
bem: estou muito bem 元気です *guenki des*; **bem passado(a)** (carne) ウェルダン *uerudan*
berrar 叫ぶ *sakebu*
biblioteca 図書館 *tochokan*
bicicleta 自転車 *djitencha*
bilhete (com desconto) 回数券 *kaissuuken*
bilheteria チケット *tchiketto*, 切符売り場 *kippu uriba*
binóculo 双眼鏡 *soogankioo*
bloco de anotações ノート *nooto*
boate ナイトクラブ *naito kurabu*
boca 口 *kutchi*
boia ブイ *bui*
bolha まめ *mame*
bolsa かばん *kaban*, バッグ *baggu*
bolsa de mão ハンドバッグ *handobaggu*
bom, boa いい *ii*, よい *ioi*; **bom dia** おはようございます *ohaioo gozaimas*; **boa tarde** こんにちは *kon'nitchiua*; **boa noite** こんばんは *komban'ua*; **boa noite** (ao se despedir) おやすみなさい *oiassumi nassai*
bom, boa 立派な *lippa na*
bomba de ar (para bicicleta) 空気入れ *kuuki ire*
bombeiros 消防隊 *choobootai*
bonde 路面電車 *lomen dencha*, 市電 *chiden*
bonito(a) よい *ioi*, いい *ii*, 美しい *utsukuchii*, きれい *kiree*
bosque 林 *haiachi*
bota ブーツ *buutsu*
botas de esqui スキー靴 *sukii gutsu*
braço 腕 *ude*
branco (subst) 白 *chiro*
branco(a) (adj) 白い *chiroi*
bridge (jogo de cartas) ブリッジ *buriddji*
briga けんか *kenka*
brincar 遊ぶ *assobu*
brincos イアリング *iaringu*
brinquedo おもちゃ *omotchia*
bronquite 気管支炎 *kikanchien*
bujão de gás （キャンプ用）ガスボンベ *(kiampu ioo) gassu bombe*
buscar: ir buscar alguém を連れて来る *o tsurete kuru*; **ir buscar algo** 持って来る *motte kuru*

C

cabeça 頭 *atama*
cabeleireiro 美容院 *biiooin*
cabelo （髪の）毛 *(kami no) ke*
cabide ハンガー *hangaa*
cabine telefônica 電話ボックス *den'ua bokkussu*
cachorro 犬 *inu*
cada それぞれの *sorezore no*; **cada um** それぞれ *sorezore*
cadeira 椅子 *issu*
cadeira de rodas 車椅子 *kuruma issu*

café コーヒー *koohii*
café da manhã 朝食 *tchioochoku*, 朝ごはん *assagohan*; **tomar café da manhã** 朝食を食べる *tchioochoku o taberu*, 朝ごはんを食べる *assagohan o taberu*
café instantâneo インスタントコーヒー *insutanto koohii*
cafeteria 喫茶店 *kissaten*
caiaque カヤック *kaiakku*
cair 落ちる *otchiru*
cais 波止場 *hatoba*
caixa de câmbio ギアボックス *guiabokkussu*
caixa de correspondência 郵便受け *iuubin uke*
caixa eletrônico 現金自動支払機 *guenkin djidoo chiharai ki*, ATM *eetiiemu*
caixa postal ポスト *possuto*
calçados esportivos 運動靴 *undoo gutsu*
calçados para caminhada ウォーキングブーツ *uookingu buutsu*
calção de banho, sunga 水泳パンツ *suiee pantsu*
calçar はく *haku*
calças ズボン *zubon*
calor 熱 *netsu*
cama ベッド *beddo*
câmera digital デジタルカメラ *dedjitaru kamera*, デジカメ *dedjikame*
caminhada ハイキング *haikingu*, 散歩 *sampo*; **fazer caminhada** ハイキングをする *haikingu o suru*, 散歩する *sampo suru*
caminhão トラック *torakku*
caminhar 歩く *aruku*
caminho, direção 道 *mitchi*
camisa シャツ *chatsu*
camisola 寝巻 *nemaki*
camping (atividade) キャンプ *kiampu*; (local de acampamento) キャンプ場 *kiampu djoo*

campista (pessoa que acampa) キャンパー *kiampaa*
campo de esportes 競技場 *kiooguidioo*
campo de golfe ゴルフコース *gorufu koossu*
canal チャンネル *tchian'neru*
canção 歌 *uta*
cancelar キャンセルする *kianseru suru*, 取り消す *torikessu*
caneta ペン *pen*
cansado(a) 疲れた *tsukareta*
cantar 歌う *utau*
cantor(a) 歌手 *kachu*
capa impermeável グランドシート *gurando chiito*
capacete ヘルメット *herumetto*
capaz: ser capaz de ことができる (v) + *koto ga dekiru* (ver gramática)
capela 礼拝堂 *leehaidoo*
caro(a) 高い *takai*
carona ヒッチハイク *hitchihaiku*
carregar (bateria) 充電する *djiuuden suru*
carregar, transportar 運ぶ *hakobu*
carrinho カート *kaato*
carrinho de bebê ベビーカー *bebiikaa*, 乳母車 *ubaguruma*
carro 車 *kuruma*, 自動車 *djidoocha*
carta 手紙 *tegami*
carta de baralho トランプ *torampu*
cartão カード *kaado*
cartão de crédito クレジットカード *kuredjitto kaado*
cartão de telefone テレホンカード *terehon kaado*
cartão de visita 名刺 *meechi*
cartão-postal はがき *hagaki*, 絵葉書 *ehagaki*
carteira 財布 *saifu*
carteira de identidade 身分証明書 *mibunchoomeecho*

DICIONÁRIO PORTUGUÊS-JAPONÊS

153

carteira de motorista 運転免許 *unten menkio*
carteiro 郵便配達 *iuubin haitatsu*
casa 家 *ie/utchi*; **ir para casa** 帰宅する *kitaku suru*, (家に)帰る *(ie ni) kaeru*
casado(a) 結婚している *kekkon chite iru*
caso contrário さもなければ *samo nakereba*
castelo 城 *chiro*
cavalo 馬 *uma*
CD CD *chiidjii*
cego *(subst)* ブラインド *buraindo*; *(adj)* 目の不自由な *me no fudjiiuu na*
cemitério 墓地 *botchi*
cenário 景色 *kechiki*
centímetro センチ(メートル) *sentchi(meetoru)*
centro 中心 *tchiuuchin*, センター *sentaa*
centro da cidade 中心街 *tchiuuchingai*
centro de informações turísticas 観光案内所 *kankoo an'naidjio*
certamente もちろん *motchiron*
certeza: ter certeza 確信している *kakuchin chite iru*
certo(a) 正しい *tadachii*
céu 空 *sora*
chá *(japonês)* お茶 *otchia*; *(preto)* 紅茶 *kootchia*
chá de ervas ハーブティー *haabutchi*
chamada, ligação 電話 *den'ua*
chamada a cobrar コレクトコール *korekuto kooru*
chamar 呼ぶ *iobu*
chaminé 煙突 *entotsu*
chão 地面 *djimen*; **no chão** 地面に *djimen ni*
chapelaria 携帯品一時預かり所 *keetaihin itchidji azukaridjio*
chapéu 帽子 *boochi*
chapéu de sol 日よけ帽 *hiori boo*
charuto 葉巻 *hamaki*

chateado(a): ficar chateado(a) うろたえる *urotaeru*; **não fique chateado(a)** 落ち着きなさい *otchitsukinassai*
chato(a) つまらない *tsumaranai*
chave 鍵 *kagui*
check-in チェックイン *tchiekkuin*
check-out, registro de saída チェックアウト *tchiekku auto*
chegada 到着 *tootchiaku*
chegar 着く *tsuku*, 到着する *tootchiaku suru*
cheio(a) いっぱい *ippai*; **cheio(a) de ...** でいっぱい ... *de ippai*
cheirar におう *niou*; **cheirar bem/mal** いいにおい・変なにおいがする *ii nioi/hen na nioi ga suru*
cheiro におい *nioi*
China 中国 *tchiuugoku*
chinês, chinesa *(adj)* 中国の *tchiuugoku no*
chinês, chinesa *(pessoa)* 中国人 *tchiuugokudjin*; *(língua)* 中国語 *tchiuugokugo*
chocante ショッキングな *chokkingu na*
chocolate チョコレート *tchiokoreeto*
chocolate quente ココア *kokoa*
chope 生ビール *nama biiru*
choque ショック *chokku*
chorar 泣く *naku*
choro 泣き声 *nakigoe*
chover granizo ひょうが降る *hioo ga furu*
churrasco バーベキュー *baabekiuu*
ciclovia サイクリングコース *saikuringu koossu*
cidade 町 *matchi*, 都市 *tochi*
cigarro タバコ *tabako*
cinema 映画館 *eegakan*
cinto de segurança シートベルト *chiito beruto*
cintura ウエスト *uessuto*

cinza (adj) グレの *guree*
cinza (subst) グレイ *guree*
cinzeiro 灰皿 *haizara*
circo サーカス *saakassu*
círculo 輪 *ua*
claro(a) 明るい *akarui*
classe econômica エコノミークラス *ekonomii kurassu*
classe empresarial ビジネスクラス *bidjinessu kurassu*
clima 気候 *kikoo*
cobertor 毛布 *moofu*
cobertura, capa カバー *kabaa*
cobrar 代金を請求する *daikin o seekiuu suru*
cobrir 覆う *oou*
Coca-cola® コーラ *koora*
coçar: coça かゆい *kaiui*
código de discagem, código de área (DDD) 局番 *kioku ban*
código de endereçamento postal (CEP) 郵便番号 *iuubin bangoo*
cofre 金庫 *kinko*
coisa もの *mono*
colchão マットレス *mattoressu*
coleção コレクション *korekuchon*
colher スプーン *supuun*
colher de chá 小さじ *kossadji*
colher de sopa 大さじ *oossadji*
colina 丘 *oka*
colírio 目薬 *megussuri*
colocar 置く *oku*
com ... と一緒に ... *to iccho ni*
com baixo teor de gordura 低脂肪 *tee chiboo*
com gás 炭酸入りの *tansan iri no*
combinar 手配する *tehai suru*;
combinar um encontro 会う約束をする *au iakussoku o suru*; (roupas, comida) とよく合う ... *to ioku au*
começar (vt) 始める *hadjimeru*; (vi) 始まる *hadjimaru*

começo 始め *hadjime*; **no começo** 最初 *saicho*
comer 食べる *taberu*
comida 食べ物 *tabemono*; **fazer a comida** 料理する *lioori suru*
como どう *doo*; **como vai você?** お元気ですか *oguenki des ka?*
como disse? 何ですか *nan des ka?*
companhia 会社 *kaicha*
companhia aérea 航空会社 *kookuu gaicha*
comprar 買う *kau*
compras 買い物 *kaimono*; **fazer compras** 買い物をする *kaimono o suru*
comprido(a) 長い *nagai*
comprimido 錠剤 *djioozai*
comprimido para dormir 睡眠薬 *suimin iaku*
computador コンピュータ *kompiuuta*
concerto コンサート *konsaato*
condicionador (de cabelos) リンス *linsu*
condimento, especiaria スパイス *supaissu*
conectar 接続する *setsuzoku suru*
conexão 接続 *setsuzoku*
confirmar 確認する *kakunin suru*
confortável 快適な *kaiteki na*
conseguir fazer algo 何とかやる *nantoka iaru*
conselho アドバイス *adobaissu*; **pedir conselho a alguém** アドバイスを求める *adobaissu o motomeru*
consertar 修理する *chuuri suru*; **mandar consertar algo** 修理してもらう *chuuri chite morau*
considerável かなり *kanari*
construir 建てる *tateru*
consulado 領事館 *lioodjikan*
consulta 約束 *iakussoku*, 予約 *ioiaku*; **marcar uma consulta** 予約する *ioiaku suru*; **ter uma consulta**

com ... と予約してある ... *to ioiaku chite aru*
conta 勘定 *kandjio*
contagioso(a): ser contagioso(a) 伝染する *densen suru*
contar 数える *kazoeru*
contato 連絡 *lenraku*; **entrar em contato** 連絡する *lenraku suru*
continuar 継続する *keezoku suru*
contornar 回って行く *mauatte iku*
contra, em oposição a ... に対して ... *ni taichte*
contrário *(subst)* 反対 *hantai*
conversar 話す *hanassu*
convidar 招く *maneku*
copo コップ *koppu*; **um copo de água/de vinho** 水・ワインを一杯 *mizu/uain o ippai*
cor 色 *iro*
coração 心臓 *chinzoo*
coreano(a) *(adj)* 韓国の *kankoku no*
coreano(a) *(pessoa)* 韓国人 *kankokudjin*; *(língua)* 韓国語 *kankokugo*
Coreia 韓国 *kankoku*
corpo 体 *karada*
correio 郵便 *iuubin*
correio aéreo 航空便 *kookuubin*
correr 走る *hachiru*
correspondência 郵便 *iuubin*
corretamente 正しく *tadachiku*
correto(a) 正しい *tadachii*
cortar 切る *kiru*; **cortar-se** 切る *kiru*
corte 切り傷 *kirikizu*
costas 背中 *senaka*
costela あばら肉 *abara niku*, リブ *libu*
coxa もも *momo*
cozido(a) 調理された *tchioori sareta*, クッキング *kukkingu*
cozinha 台所 *daidokoro*
cozinhar 料理する *lioori suru*
creme de barbear シェービングクリーム *cheebingu kuriimu*

creme dental, pasta de dentes 歯磨き *hamigaki*
creme hidratante モイスチャークリーム *moissutchiaa kuriimu*
crescer 成長する *seetchioo suru*
criança 子供 *kodomo*
cru(a) 生の *nama* *(subst + no)*
crustáceo 貝 *kai*
cruz 十文字 *djiuumondji*; *(símbolo)* バツ *batsu*
cruzar 横切る *iokoguiru*, 渡る *uataru*
cruzeiro クルーズ *kuruuzu*
cubo de gelo 角氷 *kakugoori*
cueca パンツ *pantsu*
cuidado! 危ない! *abunai!*
cuidar 世話をする *seua o suru*, 気にする *ki ni suru*
cujo(a) 誰の *dare no* ...
cume 頂上 *tchioodjioo*
curativo 傷の手当用品 *kizu no teate ioohin*
curso コース *koossu*
curto(a) 短い *midjikai*
custar （金額が）かかる *(kingaku ga) kakaru*
cybercafé インターネットカフェ *intaanetto kafe*

D

dança ダンス *dansu*, 踊り *odori*
dançar 踊る *odoru*
danificado(a) 傷のついた *kizu no tsuita*
dar 与える *ataeru*, あげる *agueru*
dar desconto 減少させる *genchoo sasseru*
data 日にち *hinitchi*
data comemorativa 記念日 *kinembi*
data de nascimento 生年月日 *seenengappi*
data de validade 有効期限 *iuukoo kiguen*

datar de ...に始まった ... ni hadjimatta
de ...の ... no, から ... kara; **de ... a** ...から...まで ... kara ... made
de carro 車で kuruma de
de modo algum 全く ... ない mattaku ... nai
de qualquer modo ともかく tomokaku
declarar (na alfândega) 申告する chinkoku suru
decolar 離陸する ririku suru
dedo 指 iubi
deficiente 障害のある choogai no aru
deficiente físico 体の不自由な karada no fudji'iuu na
degrau 段 dan
deixar 離れる hanareru
delegacia de polícia 警察署 keessatsucho
delicatessen, **loja de alimentos** デリカテッセン derikatessen
demais 多すぎる oossuguiru; **grande demais** 大きすぎる ookissuguiru; **calmo demais** 静かすぎる chizukassuguiru
demorar ゆっくりした iukkuri chita
dente 歯 ha
dentista 歯医者 haicha
dentre ...の間に ... no aida ni
dentro 内側 utchigaua, の中で no naka, の中で de no naki ni (ver gramática)
departamento 部門 bumon; (de loja) 売り場 uriba
depois de ...の後 ... no ato
depois de amanhã あさって assatte
depósito, caução 手付金 tetsukekin, 保証金 hochookin
depressa 早く haiaku
desastre 災害 saigai
descartável 使い捨て tsukaissute
descascar 皮をむく kaua o muku
descer 降りる oriru

desconfortável 居心地が悪い igokotchi ga uarui
desconto 値下げ nessague, 割引 uaribiki, ディスカウント diskaunto; **dar desconto a alguém** 割り引いてあげる uaribiite agueru
desculpa 言い訳 iiuake
desculpar 許す iurussu
desculpe-me すみません sumimassen
desde ... から ... kara
desenvolver 発達する hattatsu suru
desfiladeiro 峠 toogue
desinfectar 消毒する choodoku suru
desligar, apagar スイッチを切る suitchi o kiru; (luz) 消す kessu
desmaiar 失神する chicchin suru
desmaio 意識不明 ichiki fumee
desodorante 防臭剤 boochuuzai
desperdício 浪費 loohi
despertador 目覚し時計 mezamachi dokee
detergente 食器用洗剤 chokki ioo senzai
deteriorar だめになる dame ni naru
dever (v) (dinheiro) に負っている ... ni otte iru
dever (v) (obrigação) しなければならない chinakereba naranai; **eu tenho de ir** 行かなければならない ikanakereba naranai; (probabilidade) ...に違いない ... ni tchigai nai ...; **devem ser 5h** 五時に違いない go dji ni tchigai nai
devolver 返す kaessu
dezembro 十二月 djiuunigatsu
dia 日 hi/nitchi
diabetes 糖尿病 toonioobioo
diarreia 下痢 gueri; **estar com diarreia** 下痢する gueri suru
diesel ディーゼル diizeru
dieta ダイエット daietto; **estar de dieta** ダイエットをしている daietto o chite iru

diferença de horário, fuso 時差 djissa
diferente de ... と違う ... to tchigau ...
difícil 難しい muzukachii
digitar タイプを打つ taipu o utsu
dinheiro (お)金 (o)kane
dinheiro 現金 guenkin; **pagar em dinheiro** 現金で払う guenkin de harau
direção 方向 hookoo; **ter senso de direção ruim** 方向オンチだ hookoo ontchi da
direita 右 migui; **à direita de ...** の右 ... no migui
direito 権利 kenri; **ter direito a ...** する権利がある ... suru kenri ga aru
direto(a) 直接の tchiokussetsu no
dirigir, guiar 運転する unten suru
discoteca ディスコ dissuko
disponível 利用できる liioo dekiru
distante 遠い tooi; **distante de ...** から遠い ... kara tooi ...
divertir, divertir-se 楽しむ tanochimu
dividir 分ける uakeru
dizer 言う iuu; **como se diz ...?** 何と言いますか ... nan to iimas ka ...?
do lado oposto ... の反対 ... no hantai
do outro lado de ... を越えて ... o koete, 横切って iokoguitte
doce (adj) 甘い amai
doce (subst) 菓子 kachi
doença 病気 biooki
doer: está doendo 痛い itai; **minha cabeça está doendo** 頭が痛い atama ga itai
domingo 日曜日 nitchiioobi
dor de cabeça 頭痛 zutsuu; **estar com dor de cabeça** 頭が痛い atama ga itai
dormir 寝る neru; **dormir com ...** と寝る ... to neru
drogas, entorpecentes 麻薬 maiaku
duas vezes 二度 ni do, 二回 ni kai
ducha シャワー chauaa; **tomar uma ducha** シャワーを浴びる chauaa o abiru
durante ... の間 ... no aida
durar 長持ちする nagamotchi suru
durar, levar かかる kakaru; **isto dura/leva duas horas** 二時間かかる ni djikan kakaru
duro(a) 硬い katai

E

e (ligando frases) そして sochte; (ligando substantivos) と to
e-mail Eメール ii-meeru, 電子メール denchi meeru
economizar 貯金する tchiokin suru
ela 彼女 kanodjio
ele 彼 kare
eles, elas 彼ら kare ra
eletricidade 電気 denki
elétrico(a) 電気の denki no
elevador エレベーター erebeetaa
em で de, に ni (ver gramática); **em ... で ... de, に ... ni** (ver gramática); **na Inglaterra/no Japão** イングランドで・日本で ingurando de/nihon de; **no século XIX** 十九世紀に djiuukiuu seeki ni; **em uma hora** 一時間後に itchi djikan go ni; ... の上に ... no ue ni
em algum lugar どこか doko ka
em caso de ... の場合 ... no baai
em lugar その代わりに sono kauari ni; **em lugar de ...** の代わりに ... no kauari ni
em lugar nenhum どこにも・ない doko ni mo ... nai
em meados de ... の最中 ... no saitchiuu
em outro lugar どこか他の所 doko ka hoka no tokoro

em todo lugar どこでも doko demo
embaixada 大使館 taichikan
embaixo de ... の下に ... no chita ni
embarcar 乗る noru
embarque (em barco) 乗船 djioossen; (em avião) 搭乗 todjiooo
embora (conj) ... だけれど ... da keredo
embreagem クラッチ kurattchi
embrulho 小包 kozutsumi
emergência 緊急 kinkiuu; **em caso de emergência** 非常の際 hidjioo no sai
emperrado(a) 動かない ugokanai
emprego, trabalho 仕事 chigoto
emprestar 貸す kassu
empurrar 押す ossu
encanador 配管工 haikankoo
encher いっぱいにする ippai ni suru
encontrar ... と会う ... to au, ... に会う ... ni au
encontrar 見つける mitsukeru
encontro (marcado) デート deeto; (reunião) 会議 kaigui
endereço 住所 djiuucho
endereço eletrônico メールアドレス meeru adoressu
enfermeira 看護士 kangochi
engano 間違い matchigai; **cometer um engano** 間違える matchigaeru
engarrafamento, congestionamento 交通渋滞 kootsuu djiuutai
enguiçar 故障 kochoo
enjoo, náusea 船酔い funaioi; **estar com enjoo** 船に酔う fune ni iou
ensolarado 晴れている harete iru
então それから sore kara
entediado(a): estar entediado(a) com ... に飽き飽きする ... ni akiaki suru
entender 分かる uakaru
entrada 入口 irigutchi

entrar 入る hairu; **entrar em** (中に)入る (naka ni) hairu
entre ... の間 ... no aida
envelope 封筒 fuutoo
enviar 送る okuru
epilético(a) てんかん tenkan
equipe チーム tchiimu
errado(a) 間違っている matchigatte iru
escada 階段 kaidan
escalada 山歩き iama aruki, 登山 tozan; **fazer escalada** 山歩きをする iama aruki o suru
escapamento 排気管 haiki kan
escocês, escocesa (adj) スコットランドの sukottorando no
escocês, escocesa (subst) スコットランド人 sukottorandodjin
Escócia スコットランド sukottorando
escola secundária (de 12 a 15 anos) 中学校 tchiuugakkoo; (de 15 a 18 anos) 高校 kookoo
escova ブラシ burachi
escova de dentes 歯ブラシ haburachi
escrever 書く kaku
escuro(a) 暗い kurai
escutar 聞く kiku
esgotado(a) 在庫切れ zaiko guire
espelho 鏡 kagami
esperar 待つ matsu; **esperar por ...** を待つ ... o matsu
espinha, acne 吹き出物 fukidemono
esponja スポンジ supondji
esporte スポーツ supootsu
esportivo 運動神経のいい undoo chinkee no ii
esposa (a própria) 妻 tsuma, 家内 kanai; (de outra pessoa) 奥さん okussan
espresso エスプレッソ essupuresso
espuma de barbear シェービングフォーム cheebingu foomu
esquerda 左 hidari; **à esquerda de ...** の左 ... no hidari

esqui スキー *sukii*; **praticar esqui** スキーに行く *sukii ni iku*
esqui aquático ウォータースキー *uootaassukii*
esquiar スキーをする *sukii o suru*
esta noite 今夜 *kon'ia*, 今晩 *komban*
está passando em ... でやっている *... de iatte iru*
estação de esqui スキーストック *sukii sutokku*
estação de metrô 地下鉄の駅 *tchikatetsu no eki*
estação ferroviária 駅 *eki*
estacionamento 駐車場 *tchiuucha djioo*
estacionar 駐車する *tchiuucha suru*
estadia 滞在 *taizai*
estádio スタジアム *sutadjiamu*
estado (condição) 状態 *djiootai*
Estados Unidos アメリカ *amerika*, 米国 *beekoku*
estar acostumado(a): estou acostumado com isto 慣れている *narete iru*
estar prestes a fazer algo ... ようとしている (radical do verbo) + *iooto chite iru* (ver gramática)
este, esta, isto この (*kono* + subst); **este/esta/isto aqui** これ *kore*; **esta noite** 今晩 *komban*; **isto é** これは ... だ *kore ua ... da*
estes, estas この (*kono* + subst); **estes aqui, estas aqui** これ *kore*
estilo スタイル *sutairu*
estômago おなか *onaka*
estrada 道路 *dooro*
estrangeiro(a) (adj) 外国の *gaikoku no*
estrangeiro(a) (subst) 外国人 *gaikokudjin*
estranho(a) 変な *hen na*, おかしい *okachii*
estudante 学生 *gakussee*
estudar 勉強する *benkioo suru*; **estudar biologia** 生物学を勉強する *seebutsugaku o benkioo suru*
estudos 勉強 *benkioo*
eu 私 *uatachi*; **eu sou inglês/inglesa** イングランド人です *inguranodjin des*; **eu tenho 22 anos de idade** 22歳です *nidjiuuni sai des*
eu mesmo(a) 自分 *djibun*
eu também, a mim também 私も *uatachi mo*
Europa ヨーロッパ *iooroppa*
europeu, europeia (adj) ヨーロッパの *iooroppa no*
europeu, europeia (subst) ヨーロッパの人 *iooroppa no hito*
exatamente ちょうど *tchioodo*
exausto(a) くたくた *kutakuta*
excesso: excesso de bagagem 重量オーバーの荷物 *djiuurioo oobaa no nimotsu*
excesso de peso (coisa) 重量オーバーの *djiuurioo ooba* (subst + *no*); (pessoa) 太りすぎ *futorissugui*; **minha mala está excedendo o peso** 荷物が重すぎる *nimotsu ga omossuguiru*
exceto ... を除いて *... o nozoite*
experimentar 味見をする *adjimi o suru*
experimentar, testar 着てみる *kite miru*
explodir 爆発する *bakuhatsu suru*, はじける *hadjikeru*
exposição 展覧会 *tenrankai*
extensão, área 面積 *menseki*
extinguir 消す *kessu*
extra 余分の *iobun no*

F

faca ナイフ *naifu*
fácil やさしい *iassachii*, 簡単な *kantan na*

faltar: estão faltando dois/duas ... が二つ足りない ... *ga futatsu tarinai*
família 家族 *kazoku*
famoso(a) 有名な *iuumee na*
farmácia 薬屋 *kussuri'ia*, 薬局 *iakkioku*
farol *(construção junto ao mar)* 灯台 *toodai*; *(de carro)* ヘッドライト *heddoraito*
farol verde 青信号 *ao chingoo*
farol vermelho 赤信号 *aka chingoo*
***fast-food*, restaurante de comida rápida** ファーストフードの店 *faassuto fuudo no misse*
fatia 薄切り *ussuguiri*
fatiado(a) 薄切りにした *ussuguiri ni chita*
fatiar 薄く切る *ussuku kiru*
fato 事実 *djidjitsu*; **de fato** 実は *djitsu ua*
favor: pedir um favor a alguém お願いする *onegai suru*; **poderia me fazer um favor?** お願いしたいんですが *onegai chitai n des ga?*
favorito(a) 好物 *koobutsu*, とても好きなもの *totemo suki na mono*
fax ファックス *fakkusu*
fazer する *suru*, 作る *tsukuru*
fazer *check-in* チェックインする *tchiekkuin suru*
fazer mala 荷造りする *nizukuri suru*; **fazer a mala de alguém** スーツケースに荷物を詰める *suutsukeessu ni nimotsu o tsumeru*
fazer o pedido *(no restaurante)* 注文する *tchiuumon suru*
fazer uma pergunta 質問する *chitsumon suru*
febre 熱 *netsu*; **estar com febre** 熱がある *netsu ga aru*
fechado(a) *(restaurante, loja)* 閉店 *heeten*, 準備中 *djiumbi tchiuu*; *(galeria, museu)* 閉館 *heekan*
fechadura, cadeado 鍵 *kagui*
fechar 閉じる *todjiru*; *(vt)* 閉める *chimeru*; *(vi)* 閉まる *chimaru*
feito à mão 手作り *tezukuri*
feliz 幸せな *chiauasse na*, うれしい *urechii*
feriado nacional 祝日 *chukudjitsu*
férias 休み *iassumi*, 休暇 *kiuuka*; **de férias** 休暇を取って *kiuuka o totte*
ferido(a) けがをした *kega o chita*
ferimento 傷 *kizu*, けが *kega*
ferro de passar アイロン *airon*
festa パーティー *paatchii*
festival 祭り *matsuri*, フェスティバル *fessutibaru*
fevereiro 二月 *nigatsu*
ficar 滞在する *taizai suru*
ficar noivo 婚約している *kon'iaku chite iru*
fígado 肝臓 *kanzoo*
fila 行列 *guiooretsu*; **fazer fila** 列を作る *retsu o tsukuru*
filha *(a própria)* 娘 *mussume*; *(de outra pessoa)* 娘さん *mussumessan*
filho *(o próprio)* 息子 *mussuko*; *(de outra pessoa)* 息子さん *mussukossan*
Filipinas フィリピン *firipin*
filmadora ビデオカメラ *bideo kamera*
filme *(para máquina fotográfica)* フィルム *firumu*, フイルム *fuirumu*; *(de cinema)* 映画 *eega*
fim de semana 週末 *chuumatsu*
final 終わり *ouari*; **no final de ...** の最後に ... *no saigo ni*; **no final da rua** 道の突き当たり *mitchi no tsukiatari*
finalmente ついに *tsui ni*
fino(a) (textura) 細い *hossoi*
fita adesiva, durex® セロテープ *seroteepu*
flash フラッシュ *furacchu*
flat アパート *apaato*
flor 花 *hana*
floresta 森 *mori*

DICIONÁRIO PORTUGUÊS-JAPONÊS

fogareiro キャンプ用コンロ kiampu ioo konro
fogo 火 hi; **fogo!** 火事だ kadji da!
fogos de artifício 花火 hanabi
folheto (de anúncio) チラシ tchirachi
fome: estar com fome おなかが空いている onaka ga suite iru, おなかが減っている onaka ga hette iru
fone de ouvido 耳栓 mimi sen
fora de moda 期限切れ kiguen guire
fora de serviço, quebrado(a) 故障中 kochoo tchiuu
fora, do lado de fora 外 soto
forma 形 katatchi
formiga アリ ari
forno オーブン oobun
forte 強い tsuioi; (chá) 濃い koi
fósforo マッチ matchi
fotografia 写真 chachin; **tirar uma fotografia (de)** 写真を撮る chachin o toru; **tirar uma fotografia de alguém** ...を写真に撮る... o chachin ni toru; **poderia tirar uma fotografia de mim/nós?** 写真を撮ってもらえませんか chachin o totte moraemassen ka?
fraco(a) 弱い iouai
frágil われもの uaremono
fralda オムツ omutsu
França フランス furansu
frase 文章 buncho
fratura 骨折 kossetsu
frear ブレーキをかける bureeki o kakeru
freezer 冷凍庫 leetooko
freio ブレーキ bureeki
freio de mão サイドブレーキ saido bureeki
frente 前 mae; **em frente a** ...の前 ... no mae
frequentemente よく ioku
fresco(a) (tempo) 涼しい suzuchii; (coisa) 冷たい tsumetai

frigideira フライパン furaipan
frio 寒い samui; **está frio/estou com frio** 寒い(です) samui (des)
frio, fresco (vento) ちょっと冷たい tchiotto tsumetai; (tempo) 肌寒い hadazamui
fritar 揚げる agueru
frito(a) 揚げた agueta
fronha 枕カバー makura kabaa
frustrado(a) がっかりした gakkari chita
frutos do mar シーフード chiifuudo
fumante 喫煙者 kitsuencha
fumar タバコを吸う tabako o suu
fumo 煙 kemuri
fusível ヒューズ hiuuzu
futebol サッカー sakkaa

G

galeria 美術館 bidjiutsukan
galês, galesa (adj) ウェールズの ueeruzu no
galês, galesa (língua) ウェールズ語 ueeruzugo; (pessoa) ウェールズ人 ueeruzudjin
garantia 保証 hochoo
garçom ウェイター ueitaa
garçonete ウェイトレス ueitoressu
garfo フォーク fooku
garganta のど nodo
garota 女の子 on'na no ko, 少女 choodjio
garrafa びん bin
garrafa térmica 魔法瓶 mahoobin
gás ガス gassu
gasolina ガソリン gassorin
gastar むだにする muda ni suru
gastroenterite 胃腸障害を起こすインフルエンザ itchioo choogai o okossu infuruenza
gato 猫 neko
gaze ガーゼ gaaze

gel de banho シャワージェル *chauaa djieru*
geladeira 冷蔵庫 *reezooko*
gelo 氷 *koori*
genial! すごい! *sugoi!*
geral 一般的 *ippanteki*
gerente マネージャー *maneedjiaa*
gesso ギプス *guipussu*
ginecologista 婦人科医 *fudjinka i*
girar 回転する *kaiten suru*
golfe ゴルフ *gorufu*
gordura 脂肪 *chiboo*
gorduroso(a) 太っている *futotte iru*
gostar 好きだ *suki da*; **eu gostaria de ...** ... がほしい ... *ga hochii*
gosto (preferência) 好み *konomi*
Grã-Bretanha 英国 *eekoku*, イギリス *iguirissu*
graças: graças a ... のおかげで ... *no okague de*
grama (relva) 草 *kussa*
gramas (peso) グラム *guramu*
grande 大きい *ookii*
granizo あられ *arare*, ひょう *hioo*
gratuito(a) 無料 *murioo*
grau (nível) 程度 *teedo*; (temperatura) 度 *do*
gravata ネクタイ *nekutai*
grave 深刻な *chinkoku na*
grávida 妊娠している *ninchin chite iru*
gripe インフルエンザ *infuruenza*
guarda-volumes (seção) 手荷物預かり所 *tenimotsu azukaridjio*
guardanapo ナプキン *napukin*
guia (pessoa) ガイド *gaido*; (livro) ガイドブック *gaidobukku*
guia cultural (de entretenimento) イベント情報誌 *ibento djioohoo chi*

H

hashi はし *hachi*

haste de algodão, cotonete® 綿棒 *memboo*
haver, existir (pessoas, animais) ... がいる ... *ga iru*; (coisas) ... がある ... *ga aru*
hemorroidas 痔 *dji*
hoje 今日 *kioo*
homem 男の人 *otoko no hito*, 男性 *dansee*
homossexual (adj) 同性愛の *doosseeai no*
homossexual (subst) (masculino) ホモ *homo*; (feminino) レズ *lezu*
honesto(a) 正直な *choodjiki na*
Hong Kong 香港 *honkon*
hora ... 時 ... *dji*; **três horas** 三時 *san dji*
hora 時間 *djikan*; **uma hora e meia** 一時間半 *itchi djikan han*; **na hora** 時間通り *djikan doori*; **que horas são?** 何時ですか *nan dji des ka?*
horário de fechamento 閉店時間 *heeten djikan*, 閉館時間 *heekan djikan*
horário de funcionamento estendido até tarde da noite 深夜営業 *chin'ia eeguioo*
horário local 現地時間 *gentchi djikan*
hospedagem 宿泊施設 *chukuhaku chissetsu*
hóspede (お)客 *(o)kiaku*
hospital 病院 *biooin*
hotel ホテル *hoteru*
humor ユーモア *iuumoa*, 気分 *kibun*; **estar de bom/mau humor** 機嫌がいい・機嫌が悪い *kiguen ga ii/kiguen ga uarui*

I

idade 年 *tochi*, 年齢 *nenree*
idoso(a) お年寄り *otochi'iori*
igreja 教会 *kiookai*
ilha 島 *chima*

imediatamente すぐに *sugu ni*
importante 大切な *taissetsu*, 大事な *daidji na*
importar-se: não me importo かまわない *kamauanai*
imposto 税金 *zeekin*
imposto sobre o consumo 消費税 *choohizee*
incenso 香 *koo*
inchado(a) はれた *hareta*, ふくれた *fukureta*
incluído(a) 含まれた *fukumareta*
independente 独立した *dokuritsu chita*
infecção 感染 *kansen*, 伝染 *densen*
inferior 底 *soko*; **na parte inferior** 最後に *saigo ni*; **na parte inferior de ...** の奥 ... *no oku*
informação 情報 *djoohoo*
Inglaterra イングランド *ingurando*
inglês, inglesa (adj) イングランドの *ingurando no*
inglês, inglesa (língua) 英語 *eego*; (pessoa) イングランド人 *ingurandodjin*
ingresso チケット *tchiketto*, 切符 *kippu*
ingresso, entrada 入場料 *niuudjioorioo*
ingresso com desconto （老人、学生の）割引 *(loodjin, gakusee no) uaribiki*
iniciante 初心者 *chochincha*
injeção 注射 *tchiuucha*
inseticida 殺虫剤 *satchiuuzai*
inseto 虫 *muchi*
insolação 日射病 *nicchabioo*; **pegar uma insolação** 日射病にかかる *nicchabioo ni kakaru*
insônia 不眠症 *fuminchoo*
interior do país いなか *inaka*
internacional 国際的な *kokussaiteki na*
internet インターネット *intaanetto*
intoxicação alimentar 食中毒 *choku tchiuudoku*
inútil むだな *muda na*
inverno 冬 *fuiu*

ir 行く *iku*; **ir para Tóquio/para o Japão** 東京・日本に行く *tookioo/nihon ni iku*; **estamos indo para casa amanhã** 明日帰る *achta kaeru*
ir embora 立ち去る *tatchissaru*
Irlanda アイルランド *airurando*
irlandês, irlandesa (adj) アイルランドの *airurando no*
irlandês, irlandesa (subst) アイルランド人 *airurando djin*
irmã (mais velha – a própria) 姉 *ane*; (– de outra pessoa) お姉さん *oneessan*; (mais nova – a própria) 妹 *imooto*; (– de outra pessoa) 妹さん *imootossan*
irmão (mais velho – o próprio) 兄 *ani*; (– de outra pessoa) お兄さん *oniissan*; (mais novo – o próprio) 弟 *ototo*; (– de outra pessoa) 弟さん *otootossan*
isento de imposto 免税 *menzee*
isqueiro ライター *laitaa*
isso, esse それ *sore*
itinerário de ônibus バス路線 *bassu lossen*

J

já もう *moo*, すでに *sude ni*
janeiro 一月 *itchigatsu*
janela 窓 *mado*; **na janela** 窓に *mado ni*
jantar (subst) 夕食 *iuuchoku*, 夕飯 *iuuhan*, 晩ご飯 *bangohan*
jantar (v) 夕飯を食べる *iuuhan o taberu*
Japão 日本 *nihon /nippon*
japonês, japonesa (adj) 日本の *nihon no*
japonês, japonesa (pessoa) 日本人 *nihondjin*; (língua) 日本語 *nihongo*
jaqueta 上着 *u'uagui*, ジャケット *djiaketto*
jardim 庭 *niua*
jardim botânico 植物園 *chokubutsuen*

jarro 水差し *mizussachi*
jet lag 時差ぼけ *djissaboke*
joalheria 宝石店 *hoosseki ten*
joelho ひざ *hiza*
jogar fora 捨てる *suteru*
jogging ジョギング *djioguingu*
jogo ゲーム *gueemu*; (partida) 試合 *chiai*
joias 宝石 *hoosseki*
jornal 新聞 *chimbun*
jornaleiro 新聞販売店 *chimbun hambaiten*
jovem 若い *uakai*
julho 七月 *chitchigatsu*
junho 六月 *lokugatsu*
juntos 一緒に *iccho ni*

L

lã ウール *uuru*
lá そこ *soko*
lá, ali あちら *atchira*
lábio 唇 *kutchibiru*
lado 横 *ioko*; **lado direito** （右)側 (migui) *gaua*; **lado esquerdo** （左)側 (hidari) *gaua*
ladrão 泥棒 *doroboo*
lago 湖 *mizu umi*
lâmina de barbear かみそりの刃 *kamissori no ha*
lâmpada 電球 *denkiuu*
lanche 軽食 *keechoku*, おやつ *oiatsu*
lanterna 懐中電灯 *kaitchiuu dento*
lápis 鉛筆 *empitsu*
laptop ノートパソコン *noto passokon*
laranja オレンジ *orendji*
largo(a) 広い *hiroi*
largura do peito 胸囲 *kiooi*
lasca とげ *togue*
lata カン *kan*
lata de lixo ごみ箱 *gomi bako*
lavagem 洗濯 *sentaku*
lavanderia コインランドリー *koin landorii*

lavar 洗う *arau*, 洗濯する *sentaku suru*; **lavar os cabelos** 髪を洗う *kami o arau*
legal, bacana かっこいい *kakko ii*
legenda 字幕つきの *djimaku tsuki* (subst + no)
lembrar-se 思い出す *omoidassu*; **me faz lembrar** 思い出させる *omoidassasseru*
lenço ハンカチ *hankatchi*
lençol シーツ *chiitsu*
lentamente ゆっくりと *iukkuri to*
lentes de aumento, zoom ズーム *zuumu*
lentes レンズ *lenzu*
lentes de contato コンタクト（レンズ) *kontakuto (lenzu)*
lento(a) 遅い *ossoi*
ler 読む *iomu*
lésbica 同性愛者 *doosseeaicha*
leste 東 *higachi*; **no leste** 東に *higachi ni*; **a leste de ...** の東... *no higachi ...*
levantar-se 起きる *okiru*
levar 取る *toru*
libra ポンド *pondo*
lidar com うまく扱う *umaku atsukau*
ligar, acender スイッチを入れる *suitchi o ireru*; (luz) つける *tsukeru*
ligar a luz 電気をつける *denki o tsukeru*, 明かりをつける *akari o tsukeru*
ligar na tomada コンセントにプラグを差し込む *konsento ni puragu o sachikomu*
limpar 掃除する *soodji suru*
limpo(a) きれいな *kiree na*
língua (órgão) 舌 *chita*
língua, idioma 言語 *gengo*, 言葉 *kotoba*
linha (telefônica) 線 *sen*; **a linha está ocupada** 話し中です *hanachi tchiuu des*
litoral 海岸 *kaigan*

litro リットル littoru
livraria 本屋 hon'ia
livre 自由 dji'iuu
livro 本 hon
lixeira ゴミ箱 gomi bako
lixo ごみ gomi; **levar o lixo para fora** ごみを出す gomi o dassu
local 場所 bacho
logo, em breve もうすぐ moossugu
logo que ... とすぐに ... to sugu ni
loiro(a) 金髪 kimpatsu
loja 店 misse
loja de departamentos デパート depaado
lojista 店員 ten'in
longe 離れた hanareta
lotado(a) 混んでいる konde iru, にぎやかな nigui'iaka na
louça: lavar a louça 皿洗いをする sara arai o suru
lua 月 tsuki
lua de mel 新婚旅行 chinkon liokoo
lugar 場所 bacho, 所 tokoro
luminária 電気スタンド denki sutando
luxo ぜいたく zeetaku
luxuoso(a) ぜいたくな zeetaku na
luz 軽い karui

M

macaco 猿 saru
madeira 木材 mokuzai
maduro(a) 熟した djiuku chita
mãe (a própria) 母 haha; (de outra pessoa) お母さん okaassan
maio 五月 gogatsu
maiô 水着 mizugui
maioria: a maioria 最も多い mottomo ooi; **a maioria das pessoas** ほとんどの人 hotondo no hito
mais もっと motto; **mais do que** 以上 idjioo; **muito mais** もっとたくさん motto takussan; **não tem mais** もうない moo nai
mais ou menos まあまあ maamaa
mala スーツケース suutsukeessu
malpassado(a) (carne) レア lea
mamadeira 哺乳瓶 honiuubin
mancha しみ chimi
manga (de roupa) 袖 sode
manga curta: de manga curta 半袖 han sode
manhã 朝 assa
manter 保つ tamotsu
manter contato 連絡を保つ lenraku o tamotsu
mão 手 te
mapa 地図 tchizu
máquina de lavar roupa 洗濯機 sentakki
máquina fotográfica カメラ kamera
mar 海 umi
maravilhoso(a) すばらしい subarachii
marcha a ré バックギア bakku guia
março 三月 sangatsu
maré alta 満潮 mantchioo
maré baixa 干潮 kanchioo
marido (o próprio) 夫 otto, 主人 chudjin; (de outra pessoa) ご主人 gochudjin
marina マリーナ mariina
marrom (subst) 茶色 tchairo; (adj) 茶色い tchiairoi
mas でも demo
matar 殺す korossu
material 材料 zairioo
me 私 uatachi
medicamento 薬 kussuri
médico 医者 icha
medidor メートル meetoru
medidor de eletricidade 電気のメーター denki no meeta
médio (tamanho) Mサイズ emu saizu
meia-calça パンスト pansuto

meia-noite 真夜中 maionaka
meias ソックス sokkussu, 靴下 kutsuchita
meio-dia 正午 choogo
meio(a) 半分 hambun; **meia hora** 三十分 sandjippun; **meia pensão** 二食付き ni choku tsuki
meio(a) 真ん中 man'naka
melhor 一番よい itchi ban ioi, よりよい iori ioi; **o melhor** 一番よいもの itchi ban'ioi mono; **é melhor não ir, é melhor que você não vá** 行かないほうがいい ikanai hoo ga ii (ver gramática)
melhorar よくなる ioku naru
membro メンバー membaa, 会員 kai'in
menor 最小の saichoo no (subst + no)
menos より少ない iori sukunai; **menos que ...** に満たない... ni mitanai
mensagem メッセージ messeedji, 伝言 dengon
menstruação 生理 seeri, 月経 guekkee
menu メニュー meniuu
mercado 市場 itchiba
mercadorias 商品 choohin
mergulho スキューバダイビング sukiuubaa daibingu
mergulho: praticar mergulho ダイビングをする daibingu o suru
mês 月 tsuki
mesa テーブル teeburu
mesmo 同じ onadji; **o mesmo** 同一— dooitsu (subst + no)
mesquita モスク mossuku
metro メーター meetaa
metrô 地下鉄 tchikatetsu
micro-ondas 電子レンジ denchi rendji
mínimo: no mínimo 少なくとも sukunaku tomo
ministro 大臣 daidjin

minuto 分 fun/pun/bun; **no último minuto** 土壇場になって dotamba ni natte
mochila バックパック bakkupakku, リュックサック riukkussakku
moderno(a) 近代の kindai no
modo 方法 hoohoo
moeda 硬貨 kooka, 小銭 kozeni
moeda corrente 通貨 tsuuka
mola ばね bane
momento 瞬間 chunkan; **no momento** 今のところ ima no tokoro
monastério 修道院 chuudooin
montanha 山 iama
monumento 記念塔 kinentoo, 記念碑 kinenhi
morar 住んでいる sunde iru
morder かむ kamu
mordida かみ傷 kamikizu
morno(a) ぬるい nurui
morrer 死ぬ chinu
morto(a) 死んだ chinda
mosca ハエ hae
mosquito 蚊 ka
mostrar 見せる misseru
motocicleta 原付 guentsuki, オートバイ ootobai
motor エンジン endjin
mountain bike マウンテンバイク mauntem baiku
mouse (do computador) マウス maussu
mudança, alteração 変更 henkoo
muito とても totemo
muito, muitos たくさん(の) takussan (subst + no)
muito tempo 長い間 nagai aida
mulher 女性 djiossee, 女の人 on'na no hito
multa 罰金 bakkin
mundo 世界 sekai
músculo 筋肉 kin'niku

museu 博物館 *hakubutsukan*
música 音楽 *ongaku*

N

nada 何も … ない *nani mo … nai*
nadar 泳ぐ *oiogu*; **ir nadar** 泳ぎに行く *oiogui ni iku*
namorada ガールフレンド *gaarufurendo*
não fumante タバコを吸わない人 *tabako o su'uanai hito*
não いいえ *iie*; **não, obrigado(a)** いいえ、結構です *iie, kekkoo des*; *(para negar verbo)* … ない … *nai*; **não tenho ideia** 全然分からない *zenzen uakaranai*
não importa, não tem problema いいです *ii des*
nariz 鼻 *hana*
nascente de água 泉 *izumi*
nascer do sol 日の出 *hi no de*
natação 水泳 *suiee*
natureza 自然 *chizen*
navalha かみそり *kamissori*
necessaire 化粧ポーチ *kechoo pootchi*
necessário(a) 必要な *hitsuioo na*
nem どちらも … ない *dotchira mo … nai*; **nem … nem …** … でも … でもない … *de mo … de mo nai*
nenhum(a) ひとつもない *hitotsu mo nai*
nervoso(a) 神経質な *chinkeechitsu na*; *(com alguma coisa)* 緊張している *kintchioo chite iru*
neto(a) *(o/a próprio/a)* 孫 *mago*; *(de outra pessoa)* お孫さん *omagossan*
nevar 雪が降る *iuki ga furu*
neve 雪 *iuki*
ninguém 誰も … ない *dare mo … nai*
no exterior 海外に *kaigai ni*
noite 夜 *ioru*; **à noite** 夜 *ioru*

noiva フィアンセ *fianse*, 婚約者 *kon'iakucha*
noivo フィアンセ *fianse*, 婚約者 *kon'iakucha*
nome 名前 *namae*; **meu nome é …** 私の名前は … です *uatachi no namae ua … des*
nome, prenome 名前 *namae*, 名 *na*
norte 北 *kita*; **no norte** 北に *kita ni*; **a norte de …** の北 … *no kita*
nós 私たち *uatachi-tatchi*
nota *(de dinheiro)*, **cédula** 紙幣 *chihee*, お札 *ossatsu*
nota, anotação メモ *memo*
notícias ニュース *niuusu*
novamente もう一度 *moo itchi do*
novembro 十一月 *djiuuitchigatsu*
novo(a) 新しい *atarachii*
nu(a) 裸の *hadaka* (subst + *no*)
nublado くもり *kumori*
número 番号 *bangoo*, 数字 *suudji*
número da placa *(do carro)* プレートナンバー *pureeto nambaa*
número de registro 登録番号 *tooroku bangoo*
número de telefone 電話番号 *den'ua bangoo*
nunca 決して … ない *kecchite … nai*
nuvem 雲 *kumo*

O

o quê? なに *nani*, なん *nan*; **o que você quer?** 何がほしいですか *nani ga hochii des ka?*
o tempo todo いつも *itsumo*
o.k. オッケー *okkee*
obra de arte 芸術作品 *gueedjiutsu sakuhin*
obrigado(a) ありがとう *arigatoo*; ありがとうございます *arigatoo gozaimas*; **muito obrigado(a)** どう

もありがとうございます *doomo arigatoo gozaimas*
obter 手に入れる *te ni ireru*
obturação 詰め物 *tsumemono*
óbvio(a) 明らかな *akiraka na*
oceano 海 *umi*
oceano Pacífico 太平洋 *taiheeioo*
oculista 眼鏡技師 *megane guichi*
óculos メガネ *megane*
óculos de sol サングラス *sangurassu*
ocupado(a) *(pessoa)* 忙しい *issogachii*; *(coisa, lugar)* 使用中 *chiioo tchiuu*
odiar 大嫌いだ *dai kirai da*
oeste 西 *nichi*; **no oeste** 西に *nichi ni*; **a oeste de ...** の西 ... *no nichi*
oferecer 提供する *teekioo suru*
oferta 申し出 *moochide*
oficina mecânica 修理工場 *chuuri koodioo*
olá こんにちは *kon'nichiua*
óleo *(de cozinha)* 油 *abura*; *(lubrificante)* 石油 *seki'iu*
olhar 見る *miru*; **olhar para ...** を見る ... *o miru*
olho 目 *me*
ombro 肩 *kata*
onda 波 *nami*
onde どこ *doko*; **onde fica/ficam ...?** ... どこですか ... *doko des ka?*; **de onde o(a) senhor(a)/você é?** どこから来ましたか *doko kara kimachta ka?*; **para onde o(a) senhor(a)/você está indo?** どこへ行きますか *doko e ikimas ka?*
ônibus バス *bassu*
ônibus circular シャトルバス *chattoru bassu*
ônibus de viagem 長距離バス *tchiookioori bassu*
ontem 昨日 *kinoo*; **ontem à noite** 夕べ *iuube*
operação: fazer uma operação 手術を受ける *chudjiutsu o ukeru*

opinião 意見 *iken*, 見方 *mikata*; **na minha opinião** 私の意見としては *uatachi no iken to chite ua*
oportunidade 機会 *kikai*
ordem de pagamento internacional 国際為替 *kokussai kauase*
orgânico(a) 無農薬 *munooiaku*
organizar 手配する *tehai suru*
orgulhoso(a) 誇りに思う *hokori ni omou*
orquestra オーケストラ *ookessutora*
ou か *ka*
outono 秋 *aki*
outro(a) 他の *hoka no ...*; **outros(as)** それ以外のもの *sore igai no mono*
outubro 十月 *djiuugatsu*
ouvido 耳 *mimi*
ouvir 聞く *kiku*
ovo 卵 *tamago*

P

paciente *(adj)* 忍耐強い *nintaizuioi*
paciente *(subst)* 患者 *kandjia*
pacote 小荷物 *konimotsu*
pacote de férias パッケージツアー *pakkeedji tsuaa*
pacote/embrulho de presente プレゼント用の包装 *purezento ioo no hoossoo*
padaria パン屋 *pan'ia*
pagar 払う *harau*
pai *(o próprio)* 父 *tchitchi*; *(de outra pessoa)* お父さん *otoossan*
pais *(os próprios)* 両親 *lioochin*; *(de outra pessoa)* ご両親 *gorioochin*
país 国 *kuni*
País de Gales ウェールズ *ueeruzu*
paisagem 景色 *kechiki*, 風景 *fuukee*
palácio 宮殿 *kiuuden*
panela なべ *nabe*
panfleto パンフレット *panfuretto*
pano, tecido 布 *nuno*

pão パン *pan*
papel 紙 *kami*; **guardanapo de papel** 紙ナプキン *kami napukin*; **lenço de papel** ティッシュ *ticchu*
papel-alumínio アルミ箔 *arumihako*
papel higiênico トイレットペーパー *toiretto peepaa*
par 一対 *ittsui*
para (*em direção a*) …の方へ… *no hoo e*
para viagem (*comida*) お持ち帰り *omotchikaeri*
para-brisa フロントガラス *furonto garassu*
para-choque バンパー *bampaa*
parada, ponto 停止 *teechi*
parar 止まる *tomaru*
parecer, assemelhar-se 似ている *nite iru*
parecer, ter o aspecto de 見える *mieru*; **parece que …** のように見える … *no ioo ni mieru …*; **parecer cansado(a)** 疲れているようだ *tsukarete iru ioo da*
parque 公園 *kooen*
parque de diversões 遊園地 *iuuentchi*
parque temático テーマパーク *teema paaku*
parte 部分 *bubun*; **ser parte de …** の一部になる … *no itchi bu ni naru*
particular 個人的な *kodjinteki na*
partida 出発 *chuppatsu*; (*jogo*) 試合 *chiai*
partir 出る *deru*
passado 過ぎた *suguita*, 過去の *kako no*; **um quarto passado das dez (dez e quinze)** 10時15分 *djiuu dji djiuugo fun*
passageiro 乗客 *djiookiaku*
(passagem) de ida e volta 往復(切符) *oofuku (kippu)*
passagem só de ida 片道切符 *katamitchi (kippu)*

passaporte パスポート *passupooto*
passar 通り過ぎる *toorissuguiru*
passar (a ferro) アイロンをかける *airon o kakeru*
passar mal 気持ちが悪くなった *kimotchi ga uaruku natta*
pássaro 鳥 *tori*
passe バス *passu*
passeio de carro: dar um passeio de carro ドライブする *doraibu suru*
pastor 牧師 *bokushi*
patins ローラーブレード *looraabureedo*
pé 足 *achi*
peça de teatro 芝居 *chibai*, 劇 *gueki*
pedaço ひとつ *hitotsu*; **um pedaço de …** を一切れ… *o hito kire*; **um pedaço de fruta** フルーツを一切れ *furuutsu o hito kire*
pedágio 通行料 *tsuukoorioo*
pedestre 歩行者 *hokoocha*
pedido, encomenda (*no restaurante*) 注文 *tchiuumon*
pedir 尋ねる *tazuneru*, 聞く *kiku*
pedir em casamento プロポーズする *puropoozu suru*
pedra 石 *ichi*
pegar 捕まえる *tsukamaeru*
pegar carona ヒッチハイクする *hitchihaiku suru*
peito 胸 *mune*
peixaria 魚屋 *sakana'ia*
peixe 魚 *sakana*
pele 肌 *hada*
pena: é uma pena 残念ですね *zan'nen des ne*
penhasco がけ *gake*
pensão completa 三食付 *san choku tsuki*
pensar 考える *kangaeru*, 思う *omou*; **pensar sobre …** について考える… *ni tsuite kangaeru*
pente 櫛 *kuchi*

pequeno(a) 小さい *tchiisai*
perceber 分かる *uakaru*
perder し損なう *chissokonau*;
 perdemos o trem 列車に乗り遅れた *leccha ni noriokureta*
perder 失う *uchinau*; **perder-se** 道に迷う *mitchi ni maiou*; **estar perdido(a)** 道に迷っている *mitchi ni maiotte iru*
perfeito(a) 完璧 *kampeki*
perfume 香水 *koossui*
pergunta 質問 *chitsumon*
perigoso(a) 危ない *abunai*
permitir させる *sasseru*
perna 足 *achi*
perto de ... のそばで *... no soba de*
perturbar 邪魔をする *djiama o suru*;
 não perturbe (placa) 起こさないでください *okossanaide kudassai*
pesado(a) 重い *omoi*
pescoço 首 *kubi*
pessoa 人 *hito*
pessoa animada 活発な *kappatsu na*
pessoas 人々 *hitobito*
pia (de banheiro) 洗面台 *sen'mendai*
picada 針 *hari*; (mordida) 虫刺され *muchi sassare*
picar 刺す *sassu*; **ser picado por ...** に刺される *... ni sassareru*
piercing ピアス *piassu*
pijama パジャマ *padjiama*
pílula, comprimido 錠剤 *djioozai*; (anticoncepcional) ピル *piru*; **tomar pílula anticoncepcional** ピルを飲んでいる *piru o nonde iru*
pintura, quadro 絵 *e*, 絵画 *kaiga*
pior もっと悪い *motto uarui*; **é pior do que ...** より悪い *... iori uarui*
piorar 悪くなる *uaruku naru*
piquenique ピクニック *pikunikku*;
 fazer um piquenique ピクニックをする *pikunikku o suru*
piscina プール *puuru*

piso 床 *iuka*; **no piso** 床の上に *iuka no ue ni*
piso superior 階上 *kaidjioo*
placa (em lojas, prédios) 看板 *kamban*; (na estrada) 標識 *hioochiki*
placa de sinalização 交通標識 *kootsuu hioochiki*
plano (subst) 計画 *keekaku*
plano(a) 平らな *taira na*
planta 植物 *chokubutsu*
plástico プラスチック *purassutchikku*, ビニール *biniiru*
plataforma ホーム *hoomu*
pneu タイヤ *tai'ia*
pneu furado パンク *panku*
pó 粉 *kona*; (medicamento em pó) 散剤 *sanzai*
pobre 貧しい *mazuchii*, 貧乏な *bimboo na*
pode, é possível かもしれない *kamo chirenai*; **pode chover** 雨かもしれない *ame kamo chirenai*
poder (v) できる *dekiru*; **não posso** できない *dekinai*
polícia 警察 *keessatsu*
policial (homem) 警察官 *keessatsukan*
policial (mulher) 婦人警官 *fudjin keekan*
pomada 軟膏 *nankoo*
ponte 橋 *hachi*
ponto de ônibus バス停 *bassu tee*
ponto de referência 目印になるもの *medjiruchi ni naru mono*
por causa de のために *no tame*
por cento パーセント *paassento*
pôr do sol 日の入り *hi no iri*
por favor お願いします *onegai chimas*
por precaução 念のために *nen no tame ni*
por quê? なぜ *naze*, どうして *doochte*
porque なぜなら *naze nara*, ... から *... kara*
porta ドア *doa*, 戸 *to*

DICIONÁRIO PORTUGUÊS-JAPONÊS

171

porta-malas トランク toranku
portanto だから dakara
portão de embarque 門 mon
porto 港 minato
possibilidade 可能性 kanoossee
possível 可能な kanoo na
possuir 所有する choiuu suru, 持っている motte iru
postar, pôr no correio 投函する tookan suru
pôster ポスター possutaa
posto de gasolina ガソリンスタンド gassorin sutando
pouco antes ちょうどその前 tchioodo sono mae
pouco(a) ほとんどない hotondo nai
praia 海岸 kaigan, 浜辺 hamabe
prata 銀 guin
praticar (esporte) する suru
prático(a) 現実的な guendjitsuteki na
prato (objeto) 皿 sara; (comida) 料理 lioori; **prato do dia** 本日のお奨め hondjitsu no ossussume
prato principal メインコース mein koossu
prazer 喜び iorokobi
prazer em conhecê-lo(a)! どうぞ、よろしく doozo iorochiku
precisar 要る iru, 必要がある hitsuioo ga aru
preço exagerado ぼったくり bottakuri
preço 値段 nedan
prédio (arranha-céu) 超高層ビル tchiookoossoo biru; (construção) 建物 tatemono
preencher 記入する kiniuu suru
prefeitura 市役所 chi'iakucho
preferir 好む konomu
prêmio 賞 choo
preparar 準備する djiumbi suru
presente (adj) 今の ima no
presente (subst) プレゼント purezento

preservativo コンドーム kondoomu
pressa: estar com pressa 急いでいる issoide iru
pressão 圧力 atsurioku, プレッシャー purechaa
pressão alta 高血圧 kooketsuatsu
pressão arterial 血圧 ketsuatsu
pressão baixa 低血圧 teeketsuatsu
pressionar 押さえる ossaeru
pretender ・つもり (v +) tsumori; **pretendemos ir para Nikko** 日光に行くつもりです nikkoo ni iku tsumori des
preto (subst) 黒 kuro; (adj) 黒い kuroi
previsão 予報 iohoo
previsão do tempo 天気予報 tenki iohoo
primavera 春 haru
primeiro 最初 saicho; **em primeiro lugar** まず最初に mazu saicho ni
primeiro andar 二階 ni kai
principal 主な omo na
prisão de ventre: com prisão de ventre 便秘 bempi
privado(a) (empresa) 私立の chiritsu (subst + no)
problema 問題 mondai
procissão 行進 koochin
procurar 探す sagassu
produto 製品 seehin
produtos de higiene 化粧品 kechoohin
profissão 職業 chokuguioo
profundo(a) 深い fukai
programa (de teatro etc.) プログラム puroguramu; (de TV) 番組 bangumi
proibido(a) 禁止された kinchi sareta
promessa 約束 iakussoku
prometer 約束する iakussoku suru
pronto(a) 用意のできた iooi no dekita
propor 提案する teean suru
propósito 目的 mokuteki; **de propósito** わざと uaza to

proprietário 所有者 *choiuucha*
próprio(a) 自分の *djibun no*; **meu carro próprio** マイカー *mai kaa*
proteção 警備 *keebi*
proteger 守る *mamoru*
protetor solar 日焼け止めクリーム *hi'iakedome kuriimu*
provador 試着室 *chitchiaku chitsu*
provavelmente 多分 *tabun*
próximo(a), perto 近く *tchikaku*; **próximo à praia** 浜辺の近く *hamabe no tchikaku*; **o mais próximo** 一番近い *itchi ban tchikai*
próximo(a), seguinte 次の *tsugui no*
público(a) 公的な *kooteki na*; (empresa) 公立の *kooritsu (subst + no)*
pulmão 肺 *hai*
pulôver セーター *seetaa*
punho 手首 *tekubi*
puxar 引く *hiku*

Q

quadra de tênis テニスコート *tenissu kooto*
quadril 腰 *kochi*, ヒップ *hippu*
qual どの (+ subst) *dono*; **cada qual** どれ *dore*
qualidade 質 *chitsu*; **de boa/má qualidade** 質がいい・悪い *chitsu ga ii/uarui*
quando いつ *itsu*
quanto custa? いくらですか *ikura des ka?*
quanto tempo ...? どのくらい... *dono kurai ...*
quanto, quantos(as)? いくつ *ikutsu?*; **quantas vezes ...?** 何回... *nan kai ...?*
quantos anos você tem? 何歳ですか *nan sai des ka?*
quarta-feira 水曜日 *suiioobi*
quarto 部屋 *heia*

quase ほとんど *hotondo*
quebrado(a) (objeto) 壊れた *kouareta*; (osso) 折れた *oreta*, 骨折した *kossetsu chita*
quebrar (objeto) 壊す *kouassu*; (osso) 骨折する *kossetsu suru*; **quebrar a perna** 足を折る *achi o oru*
queijo チーズ *tchiizu*
queimadura やけど *iakedo*
queimadura de sol: ter uma queimadura de sol 日焼けする *hi'iake suru*
queimar (vi) 焼く *iaku*; (vt) 焼ける *iakeru*; **queimar-se** やけどする *iakedo suru*
queixo あご *ago*
quem 誰 *dare*; (registro mais polido) どなた *donata*; **quem está chamando?** どちら様ですか *dotchira sama des ka?*
quente 暖かい *atatakai*, あつい *atsui*; **está quente** あつい(です) *atsui (des)*; **bebida quente** 温かい飲み物 *atatakai nomimono*
querer ほしい *hochii* (ver gramática)
quieto(a), calmo(a) 動かない *ugokanai*
quilômetro キロ(メートル) *kiro(meetoru)*
quinta-feira 木曜日 *mokuioobi*

R

racista 人種差別主義者 *djinchu sabetsu chugui cha*
radiador ラジエーター *ladjieetaa*
rádio ラジオ *ladjio*
radiografia レントゲン *lentoguen*
rapidamente 速く *haiaku*
rápido(a) 速い *haiai*
raquete ラケット *laketto*
raramente めったにない *metta ni nai*
raro(a) 珍しい *mezurachii*
rato ネズミ *nezumi*

razoável まあまあ *maamaa*
reabrir 再開する *saikai suru*
receber 受け取る *uketoru*
receita 調理法 *tchiorihoo*, レシピ *lechipi*
recepção フロント *furonto*; **na recepção** フロントで *furonto de*
recepcionista 受付係 *uketsuke gakari*
recibo, nota fiscal レシート *lechiito*, 領収書 *lioochuucho*
reclamar 文句を言う *monku o iuu*, 苦情を言う *kudjioo o iuu*
recomendar 薦める *sussumeru*
reconhecer 認める *mitomeru*
recusar 断る *kotouaru*
redondo(a) 丸い *marui*
reembolsar 払い戻す *haraimodossu*
reembolso 払い戻し *haraimodochi*, 返金 *henkin*; **obter um reembolso** 払い戻してもらう *haraimodochte morau*
refeição 食事 *chokudji*
refúgio de montanha 山小屋 *iama goia*
registro (de água) 栓 *sen*
Reino Unido 英国 *eekoku*, イギリス *iguirissu*
relógio 腕時計 *ude dokee*
remetente (de pacote) 送り主 *okurinuchi*; (de carta) 差出人 *sachidachinin*
remover 取り去る *torissaru*
repetir 繰り返す *kurikaessu*
repousar 休む *iassumu*, 休憩する *kiuukee suru*
repouso 休憩 *kiuukee*
reservado(a) 予約してある *ioiaku chite aru*; (assento) 予約席 *ioiaku seki*
reservar 予約する *ioiaku suru*
resfriado 風邪 *kaze*; **estar com resfriado** 風邪をひいている *kaze o hiite iru*
resort de esqui スキー場 *sukii djioo*
responder 答える *kotaeru*

resposta 答 *kotae*
ressaca 二日酔い *futsukaioi*
restaurante レストラン *lessutoran*
resto 残り *nokori*
retornar a ligação 折り返し電話する *orikaechi den'ua suru*, かけなおす *kakenaossu*
retorno (na estrada) Uターン *iuutaan*
retrato 肖像画 *choozooga*
reumatismo リューマチ *liuumatchi*
revista 雑誌 *zacchi*
revista em quadrinhos 漫画 *manga*
rim 腎臓 *djinzoo*
rio 川 *kaua*
rir 笑う *uarau*
risco 危険性 *kikensee*
riso 笑い *uarai*
rock 岩 *iua*
roda 車輪 *charin*
rodovia 高速道路 *koossoku dooro*
romance 小説 *choossetsu*
rosa (adj) ピンクの *pinku no*
rosa (subst) ピンク *pinku*
rosto 顔 *kao*
roubar 盗む *nussumu*
roubo 盗み *nussumi*
roupa de mergulho ウエットスーツ *uettossuutsu*
roupa íntima 下着 *chitagui*
roupas 服 *fuku*
roxo (subst) 紫色 *murassaki iro*
roxo(a) (adj) 紫の *murassaki no*
rua 通り *toori*
ruidoso(a) 音が大きい *oto ga ookii*
ruim よくない *iokunai*, 悪い *uarui*
ruínas 廃墟 *haikio*; **em ruínas** 廃墟になった *haikio ni natta*
ruivo(a) 赤毛 *akague*

S

sábado 土曜日 *doioobi*
sabão, sabonete せっけん *sekken*

sabão em pó 洗剤 senzai
saber 知っている chitte iru; **eu não sei** 知らない chiranai
sabor 味 adji
saca-rolhas コルク抜き korukunuki
sacar (dinheiro) (お金を)引き出す (okane o) hikidassu
saco de dormir 寝袋 nebukuro
sacola plástica ビニール袋 biniiru bukuro
saia スカート sukaato
saída 出口 degutchi
saída de emergência 非常口 hidjioo gutchi
sair 出る deru; (para passear) 出かける dekakeru; (com alguém) と一緒に行く ... to iccho ni iku
sal 塩 chio
sala de concertos コンサートホール konsaato hooru
sala de estar 居間 ima
salgado(a) 塩で味付けされた chio de adji tsukessareta chio de; 塩辛い chiokarai
salvar 救う sukuu
sandálias サンダル sandaru
sangrar 出血する chukketsu suru
sangue 血 tchi, 血液 ketsueki
sanitário feminino 女性用トイレ djiossee ioo toire
sanitário masculino 男性用トイレ dansee ioo toire
santuário 神社 djindjia
sapatos 靴 kutsu
satisfeito(a) うれしい urechii
saúde 健康 kenkoo
saúde!, tintim! 乾杯 kampai!
scooter スクーター sukuutaa
se もし mochi
secador de cabelos ドライヤー dorai'iaa
secar (vt) 乾かす kauakassu; (vi) 乾く kauaku

seco(a) 乾いた kauaita
secretária eletrônica 留守番電話 lussuban den'ua
século 世紀 seeki
seda 絹 kinu
sede: estar com sede のどが渇いた nodo ga kauaita
segunda mão 中古の tchiuuko (subst + no)
segunda-feira 月曜日 guetsuioobi
segundo(a) 二番目 niban'me
segurança 安全 anzen
segurar (fazer seguro) 安全な anzen na, 確実な kakudjitsu na
segurar, suster つかんでいる tsukande iru
seguro (subst) 保険 hoken
seguro total 総合自動車保険 soogoo djidoocha hoken
seguro(a) 安全な anzen na
selo 切手 kitte
selvagem 野生の iassee no (subst + no)
sem ... なしで ... nachi de
sem glúten グルテンなし guruten nachi
semana 週 chuu, 週間 chuukan
sempre いつも itsumo
sempre em frente まっすぐ ma'ssugu
senha 暗証番号 anchoo bangoo
senhor, senhora, senhorita ... さん ... san
sensato(a) 分別のある fumbetsu no aru
sentar-se 座る su'uaru
sentido, sensação 感覚 kankaku
sentimento 感じ kandji
sentir 感じる kandjiru; **sentir-se bem/mal** 気持ちがいい・悪い kimotchi ga ii/uarui
separadamente 別々に betsubetsu ni
separar (vi) 別れる uakareru; (vt) 分ける uakeru

DICIONÁRIO PORTUGUÊS-JAPONÊS

175

ser (v) (pessoas, animais) いる *iru*; (coisas) ある *aru*, だ *da* (ver gramática)
sério(a) まじめな *madjime na*
serviço de informações (telefônicas) 番号案内 *bangoo an'nai*
serviços domésticos 家事 *kadji*; **fazer os serviços domésticos** 家事をする *kadji o suru*
servir 合う *au*; **serve em você?** それでいいですか *sore de ii des ka?*
seta (do carro) 方向指示器 *hookoo chidjiki*
setembro 九月 *kugatsu*
sexo (gênero) 性 *see*; (relação) セックス *sekkussu*
sexta-feira 金曜日 *kin'ioobi*
shopping center ショッピングセンター *choppingu sentaa*, モール *mooru*
shorts ショートパンツ *chooto pantsu*
show ショー *choo*
significar 意味する *imi suru*; **o que significa ...?** ...はどういう意味ですか *... wa doo iuu imi des ka? ua*
silencioso(a) 静かな *chizuka na*, 音がしない *oto ga chinai*
sim はい *hai*; (registro informal) ええ *ee*
sinagoga シナゴーグ *chinagoogu*
sinal 信号 *chingoo*
slide スライド *suraido*
só um ひとつだけ *hitotsu dake*
só um pouco ほんの少し *hon no sukochi*
só, somente ...だけ *... dake*
sob ...の下 *... no chita*
sobre ...について *... ni tsuite*
sobremesa デザート *dezaato*
sobrenome 苗字 *mioodji*, 姓 *see*
sobrenome de solteira 旧姓 *kiuussee*
socorrer 助ける *tassukeru*
socorro 助け *tassuke*; **pedir socorro** 助けを求める *tassuke o motomeru*; **socorro!** 助けて！ *tassukete!*

socorro mecânico 故障修理 *kochoo chuuri*
sofrer 苦しむ *kuruchimu*
sol 太陽 *taiioo*, 日 *hi*; **ao sol** 日のもとで *hi no moto de*
solteiro(a) 独身 *dokuchin*
sombra かげ *kague*; **à sombra** 陰に *kague ni*
sombrinha, guarda-chuva 傘 *kassa*
soneca 昼寝 *hirune*; **tirar uma soneca** 昼寝をする *hirune o suru*
sono 睡眠 *suimin*
sonolento(a) 眠い *nemui*
sorrir ほほえむ *hohoemu*, 笑う *uarau*
sorriso ほほえみ *hohoemi*
sorte 幸運 *koun*; **boa sorte** 運がいい・悪い *un ga ii*; **estar com sorte** ラッキーだ *rakkii da*, 運がいい *un ga ii*
sorvete アイスクリーム *aissukuriimu*
suar 汗をかく *asse o kaku*
subúrbio 郊外 *koogai*
suco ジュース *djiuussu*
suéter トレーナー *toreenaa*
suficiente 十分 *djiuubun*; **é suficiente** もう結構です *moo kekkoo des*
sugerir 提案する *teean suru*
sujo(a) 汚い *kitanai*
suor 汗 *asse*
supermercado スーパー *suupaa*
suplemento (taxa extra) 追加料金 *tsuika liookin*
surdo(a) 耳の不自由な *mimi no fudji'iuu na*
surpreso(a): ficar surpreso(a) 驚く *odoroku*, びっくりする *bikkuri suru*
sutiã ブラ *bura*

T

tabacaria タバコ屋 *tabako' ia*
tabaco, fumo タバコ *tabako*
tabela de horários 時刻表 *djikokuhioo*

Tailândia タイ *tai*
Taiwan 台湾 *taiuan*
talvez 多分 *tabun*
tamanho サイズ *saizu*
também (*somente depois de subst, pron, numeral*) … も … *mo*
tampão タンポン *tampon*
tão (+ *adj*) … すぎる + *suguiru* (*ver gramática*)
tão breve quanto possível できるだけ早く *dekiru dake haiaku*
tarde (*adj*) 遅い *ossoi*
tarde (*subst*) 午後 *gogo*
tarifa 運賃 *untchin*
tarifa com desconto 割引運賃 *uaribiki untchin*
tarifa normal, preço cheio 正規料金 *seeki liookin*
taxa 料金 *liookin*
taxa de câmbio 両替率 *lioogae litsu*
táxi タクシー *takuchii*
taxista タクシーの運転手 *takuchii no untenchu*
tchau バイバイ *baibai*
teatro 劇場 *guekidjio*
teleférico リフト *lifuto*
teleférico de cadeira リフト *lifuto*
telefonar 電話する *den'ua suru*
telefone 電話 *den'ua*
(telefone) celular 携帯（電話） *keetai (den'ua)*
telefonema 電話 *den'ua*; **fazer um telefonema** 電話する *den'ua suru*
telefonista 電話交換手 *den'ua kookanchu*
televisão テレビ *terebi*
temperatura 温度 *ondo*; **medir a temperatura de alguém** 体温を測る *taion o hakaru*
tempestade 嵐 *arachi*
templo （お）寺 *(o)tera*
tempo 時間 *djikan*; **de tempos em tempos** ときどき *tokidoki*

tempo, clima 天気 *tenki*; **o tempo está ruim** 天気が悪い *tenki ga uarui*
tempo livre 暇な *hima na*
temporada 季節 *kissetsu*
temporário(a) 臨時の *lindji no*, 一時的な *itchidjiteki na*
tênis (*modalidade esportiva*) テニス *tenissu*; (*calçado*) テニスシューズ *tenissu chuuzu*
tentar 試みる *kokoromiru*; **tentar fazer algo** やってみる *iatte miru*
ter 持っている *motte iru*
ter de … なければならない … *nakereba naranai*; **tenho de ir** 行かなければならない *ikanakereba naranai* (*ver gramática*)
terça-feira 火曜日 *kaioobi*
termas 温泉 *onsen*
terminal ターミナル *taaminaru*, 終点 *chuuten*
terminal de ônibus バスターミナル *bassu taaminaru*, バスセンター *bassu sentaa*
terminar 終わる *ouaru*
termômetro 温度計 *ondookee*
terno (*subst*) スーツ *suutsu*
terra (*mundo*) 地球 *tchikiuu*; (*chão*) 地面 *djimen*
terremoto 地震 *djichin*
térreo 一階 *ikkai*
terrível ひどい *hidoi*
tesoura はさみ *hassami*
testa 額 *hitai*
tia (*a própria*) おば *oba*; (*de outra pessoa*) おばさん *obassan*
tigela ボウル *booru*
tímido(a) 恥ずかしがりの *hazukachigari no* (*subst + no*)
tinturaria a seco クリーニング屋 *kuriiningu'ia*
tio (*o próprio*) おじ *odji*; (*de outra pessoa*) おじさん *odjissan*
típico(a) 典型的な *tenkeeteki na*

DICIONÁRIO PORTUGUÊS-JAPONÊS

177

tipo タイプ taipu, 種類 churui
tipo: que tipo de? どんな don'na?
toalete トイレ toire, お手洗い otearai
toalha タオル taoru
toalha de banho バスタオル bassu taoru
toalha de rosto 洗面用タオル sen'men ioo taoru
tocar (instrumento) 弾く hiku
tocar, encostar 触れる fureru
toda semana 一週間毎日 icchuukan mai nitchi
todo 全ての subete no; **todo dia** 毎日 mai nitchi
todo(a) 全体 zentai; **o bolo todo** ケーキ全部 keeki zembu
todo dia 一日中 itchi nitchi djiuu
todo o mundo みんな min'na
todos 誰でも dare de mo
tolerar 我慢する gaman suru
tom, tonalidade (cor) 色合い iroai
tomada プラグ puragu
tomar emprestado 借りる kariru
topo 上 ue; **no topo** 一番上で itchi ban ue de
torcer くじく kudjiku, 捻挫する nenza suru; **torcer o tornozelo** 足首を捻挫する achikubi o nenza suru
torneira 蛇口 djiagutchi
tornozelo 足首 achikubi
torta パイ pai
tosse せき seki; **estar com tosse** せきをする seki o suru
tossir せきをする seki o suru
trabalhar 働く hataraku
trabalho 仕事 chigoto
tradicional 伝統的な dentooteki na
traduzir 翻訳する hon'iaku suru
trailer キャンピングカー kiampingu kaa
trajar, vestir 着る kiru; (na cabeça) かぶる kaburu
trancar 鍵をかける kagui o kakeru

tranquilo(a) 冷静な leessee na
transferir (dinheiro) 振り込む furikomu
trânsito, tráfego 交通 kootsuu
traveler's check トラベラーズチェック toraberaazu tchiekku
travesseiro 枕 makura
trazer (coisas) 持って来る motte kuru; (pessoas) 連れて来る tsurete kuru
trem 列車 leccha; **o trem para Quioto** 京都行きの列車 kiooto iuki no leccha
trem rápido 急行(列車) kiuukoo (leccha)
trilha 小道 komitchi
triste 悲しい kanachii
trocado (dinheiro) おつり otsuri
trocar (uma coisa por outra) 交換する kookan suru; (dinheiro) 両替する lioogae suru
trocar (vi) 変わる kauaru; (vt) 変える kaeru; (dinheiro) 両替する lioogae suru
tudo 何でも nan de mo
tudo 全部 zembu, 全て subete; **tudo de melhor** ずっといい zutto ii; **tudo incluído** 全込み zenkomi; **tudo certo** 大丈夫 daidjioobu
tufão 台風 taifuu
turista 観光客 kankoo kiaku

U

uísque スコッチ sukottchi
último ano 去年 kio nen
último(a) do(a) 最後の saigo no (subst + no); **o último dia da exposição** 展覧会の最後の日 tenrankai no saigo no hi
um pouco 少し sukochi, ちょっと tchiotto
um quarto 四分の一 ion bun no itchi; **um quarto de hora, quinze minutos** 十五分 djiuugo fun; **um quarto**

para as dez, quinze para as dez 十時十五分前 *djiuu dji djiuugo fun mae*
um(a) 一 *itchi*
uma vez 一度 *itchi do*, 一回 *ikkai*; **uma vez por dia/por hora** 一日一回・一時間に一回 *itchi nitchi ikkai/ichi djikan ni ikkai*
úmido(a) じめじめした *djimedjime chita*, 濡れた *nureta*
unha 爪 *tsume*
único(a) ひとつの *hitotsu* (subst + no)
urgente 緊急 *kinkiuu*
urso 熊 *kuma*
usar 使う *tsukau*; **ser usado para ... に使う** *... ni tsukau*
usualmente 普通 *futsuu*
útil 役に立つ *iaku ni tatsu*

V

vacinado (contra) (...の)予防接種を受けた *(... no) ioboo secchu o uketa*
vaga de estacionamento 駐車スペース *tchiuucha supeessu*
vale 谷 *tani*
valer a pena: vale a pena 価値がある *katchi ga aru*
válido(a) para 有効な *iuukoo na*
valor 価値 *katchi*
vamos logo!/anda logo! 急いで！ *issoide!*, 急げ！ *issogue!*
varanda バルコニー *barukonii*, テラス *terassu*
vareta de fixação (de barraca) テントのくい *tento no kui*
vários いくつかの *ikutsuka no* (subst + no)
vários(as) たくさんの *takussan no* (subst + no)
vazamento 漏れ *more*
vazar 漏れる *moreru*
vazio(a) 空 *kara*
veado 鹿 *chika*

vegetariano(a) 菜食主義者 *saichoku chugui cha*
vela ろうそく *loossoku*
velejar 帆走する *hansoo suru*
velejo: praticar velejo ヨットを走らせる *iotto o hachirasseru*
velho(a) (objeto) 古い *furui*; (pessoa) 年をとった *tochi o totta*
venda セール *seeru*; **à venda** セールで *seeru de*; **estar à venda** 販売中 *hambai tchiuu*
vendedor 店員 *ten'in*
vender 売る *uru*
ventilador 扇子 *sensu*
vento 風 *kaze*
ver 見る *miru*
verão 夏 *natsu*
verdadeiro(a) 本当の *hontoo* (subst + no)
verde (adj) 緑の *midori no*
verde (subst) 緑 *midori*
vergonha 恥 *haji*; **é uma vergonha** 残念ですね *zan'nen des ne*
verificar 調べる *chiraberu*, 確かめる *tachikameru*
vermelho (subst) 赤 *aka*
vermelho(a) (adj) 赤い *akai*
vespa スズメバチ *suzumebatchi*
vestido ドレス *doressu*
vestir-se 服を着る *fuku o kiru*
vez 順番 *djiuman*; **é a sua vez** あなたの番だ *anata no ban da*
vez: três/quatro vezes 三・四回 *san kai/ion kai*
viagem de negócios 出張 *chutchioo*
viagem 旅行 *liokoo*, 旅 *tabi*; **boa viagem!** よい旅行を *ioi liokoo o!*
viajar 旅行 *liokoo*
vida 人生 *djinsee*, 命 *inotchi*
vidro ガラス *garassu*
vilarejo 村 *mura*
vinho ワイン *uain*
vinho branco 白ワイン *chiro uain*

vinho rosé ロゼワイン *loze uain*
vinho tinto 赤ワイン *aka uain*
vir 来る *kuru*
virar 曲がる *magaru*
visita 訪問 *hoomon*
visita guiada ガイド付き見学コース *gaido tsuki kengaku koossu*
visitar 訪ねる *tazuneru*, 訪問する *hoomon suru*
vista 眺め *nagame*, 見晴らし *miharachi*
visto ビザ *biza*
viver 生きている *ikite iru*
vivo(a) 生きている *ikite iru*
vizinho(a) 近所の人 *kindjio no hito*
voar 飛ぶ *tobu*
você あなた *anata* (se possível use o nome da pessoa)
volante ハンドル *handoru*
voleibol バレー *baree*
voltar 戻る *modoru*, 戻って来る *modotte kuru*
vomitar 吐く *haku*

voo 便 *bin*

W

website ウェブサイト *uebussaito*
windsurfe ウインドサーフィン *uindossaafin*

X

xampu シャンプー *champuu*
xícara カップ *kappu*
xixi おしっこをする *ochikko o suru*

Z

zero ゼロ *zero*
zíper ファスナー *fassunaa*, チャック *tchiakku*
zona de pedestres 歩行者天国 *hokoocha tengoku*
zoológico 動物園 *doobutsuen*

GRAMÁTICA

Introdução
A gramática da língua japonesa tem várias particularidades. Abaixo, algumas delas:

- O verbo é colocado no final da frase. Assim, uma frase como "eu como sushi" fica "eu sushi como" (*uatachi ua suchi o tabemas*). Desse modo, é necessário esperar o final da frase para saber qual é o verbo e se é afirmativo ou negativo, se está no presente ou no passado, se é uma afirmação ou uma interrogação, e assim por diante.

- Não existe diferença entre singular e plural; assim, <u>hon</u> pode significar "livro" ou "livros"; em geral, é o contexto que torna claro o que se pretende dizer. Existem também alguns sufixos que podem ser adicionados às palavras para melhor elucidação, caso necessário, principalmente no que se refere a pessoas: *uatachi* eu, *uatachi-tatchi* nós.

- Não há artigos definidos ou indefinidos, como o(s), a(s), um(a), algum(as) etc.

- Os verbos apresentam dois tempos: presente/futuro e passado.

- Os verbos não apresentam flexão de acordo com a pessoa (eu, tu/você, ele/ela, nós, vós/vocês, eles/elas), mas sim de acordo com o nível de polidez e formalidade. Neste guia, o nível polido é utilizado para quase todas as frases que você usará, e o nível muito polido é utilizado para as frases que você poderá ouvir de vendedores, empregados de hotéis etc.

- Os pronomes pessoais (eu, tu/você, ele/ela, nós, vós/vocês, eles/elas) não são muito utilizados; usá-los em excesso pode soar rude ou agressivo. A frase *otchia o nomimas* poderia, portanto, significar "eu tomo chá / tu tomas chá / você/ele/ela toma chá / nós tomamos chá / vós tomais chá / vocês/eles/elas tomam chá". É o contexto que vai elucidar quem é o sujeito da frase, e os diferentes níveis de polidez também ajudam na elucidação.

- Algumas partículas são empregadas para mostrar a relação gramatical entre diferentes elementos de uma frase. Isso será explicado mais detalhadamente abaixo.

- Há dois tipos de adjetivos, e cada qual, assim como os verbos, tem diferentes formas que designam o tempo (presente ou passado), o aspecto afirmativo ou negativo (por exemplo, "novo" ou "não novo") e o nível de polidez e formalidade. Eles sempre antecedem o substantivo que modificam: *atarachii hon* "novo livro".

- Não existem orações subordinadas relativas, de forma que em lugar delas a oração explicativa/restritiva é inserida antes do substantivo; por exemplo, "o livro que eu comprei ontem é muito interessante" fica "o eu-comprei-ontem livro é muito interessante", *kinoo katta hon ua totemo omochiroi des*.

Verbos

O idioma japonês utiliza diferentes verbos para expressar a existência/presença de pessoas ou de objetos. Assim, para a frase "há alguém ali" tem-se a seguinte equivalência, *assoko ni hito ga imas*; ao passo que para uma frase com objeto inanimado, por exemplo, "há um livro ali", tem-se *assoko ni hon ga arimas*. Para descrever algo ou alguém, usa-se o verbo de ligação: *da* na forma simples ou *desu* (/*des*/) na forma polida. Abaixo dois exemplos:

sou japonês/japonesa *uatachi ua nihondjin des*
é a agência do correio *iuubinkioku des*

Os verbos de ligação funcionam de modo diferente dos demais verbos.

	Afirmativo		Negativo	
	Simples	Polido	Simples	Polido
Presente/futuro	*Da*	*des*	*djia arimassen*	*djia nai*
Passado	*datta*	*dechta*	*djia arimassen dechta*	*djia nakatta*

Nota: o *djia* é uma contração da forma *de wa*, que é mais formal.

Todos os demais verbos são divididos em três grupos, conforme o tipo de flexão.

Forma simples

A forma simples é usada com os familiares e amigos íntimos. Ela também é empregada em estruturas mais complexas. Os verbos flexionam-se para se ligar a outros elementos gramaticais – sufixo flexional, partícula, verbo auxiliar etc. – para indicar tempo (passado, presente, futuro), asserção, negação, polidez, pedido, dentre outros. No entanto, para se acoplarem a esses elementos o radical do verbo sofre uma variação fonética, conforme os quadros de flexão abaixo:

		Afirmativo	Negativo
Presente/ futuro	Grupo 1	Formas simples que terminam em *u*, *ku*, *gu*, *su*, *tsu*, *nu*, *bu*, *mu*, *ru*: *kau* (comprar), *kaku* (escrever), *oiogu* (nadar), *kassu* (emprestar), *matsu* (esperar), *chinu* (morrer), *assobu* (brincar), *nomu* (beber), *noru* (embarcar)	A terminação *u* muda para *anai*. Observe que a terminação *au* muda para *auanai* e *tsu* muda para *tanai*: *kauanai*, *kakanai*, *oioganai*, *kassanai*, *matanai*, *chinanai*, *assobanai*, *nomanai*, *noranai*
	Grupo 2	Quase todos os verbos que terminam em *eru* ou *iru* (uma exceção é *kaeru*, que é verbo do Grupo 1): *taberu* (comer), *miru* (ver)	A terminação *ru* muda para *nai*: *tabenai*, *minai*
	Grupo 3	Irregular: só há dois desses: *suru* (fazer), *kuru* (vir)	*chinai*, *konai*
Passado	Grupo 1	As terminações *u*, *tsu*, *ru* mudam para *tta*: *katta*, *matta*, *notta* A terminação *ku* muda para *ita*: *kaita* Nota: *iku* (ir) é irregular: *itta* A terminação *gu* muda para *ida*: *oioida*	A terminação *anai* muda para *anakatta*: *kauanakatta*, *kakanakatta*, *oioganakatta*, *kassanakatta*, *matanakatta*, *chinanakatta*, *assobanakatta*, *nomanakatta*, *noranakatta*

		A terminação *su* muda para *chita* (*chta*): *kachta* As terminações *nu*, *bu*, *mu* mudam para *nda*: *chinda*, *nonda*, *ionda*	
	Grupo 2	A terminação *ru* muda para *ta*: *tabeta*, *mita*	A terminação *nai* muda para *nakatta*: *tabenakatta*, *minakatta*
	Grupo 3	*chita*, *kita*	A terminação *nai* muda para *nakatta*: *chinakatta*, *konakatta*

Vários radicais de verbos são usados como base de outras estruturas. O quadro abaixo apresenta as principais variações fonéticas:

Grupo 1	A terminação *u* muda para *i*: *kaku* → *kaki*; *kau* → *kai* etc. Nota: *tsu* muda para *tchi* e *su* para *chi*: *matsu* → *matchi*; *kassu* → *kachi*
Grupo 2	Perde a terminação *ru*: *taberu* → *tabe*
Grupo 3	*suru* → *chi*; *kuru* → *ki*

Forma polida

As terminações que denotam polidez são adicionadas ao radical do verbo:

	Afirmativo	Negativo
Presente/futuro	radical + *masu*(/*mas*/)	radical + *massen*
Passado	radical + *machta*	radical + *massen dechta*

Observe que o *u* na terminação -*masu* geralmente não é pronunciado.

Conectivo em -te

A forma verbal que termina em -te é uma forma conectiva, usada para ligar verbos a outras palavras ou frases. Ela é bastante parecida com a forma afirmativa do passado no tratamento simples: apenas o *a* final muda para e: *katte, kaite, ionde* etc. A forma em -te tem vários usos, como unir frases para formar períodos mais longos, fazer pedidos, pedir permissão, expressar uma ação ou estado contínuos ou repetidos. Os adjetivos também possuem formas em -te, usadas para conectá-los a outras palavras ou frases. Para ligar a oração substantiva a uma outra oração emprega-se a partícula -*de*.

A forma -te apresenta uma série de aplicações importantes:

- Em períodos longos, usa-se a forma em -te para juntar as frases. Ela pode também indicar duas ações simultâneas, uma sequência de ações ou a decorrência de uma ação/um fato.

    kiooto ni itte, otera to djindjia o takussan mimachta (fui para Quioto e vi muitos templos e santuários)
    tabessuguite onaka ga itai des (eu comi demais e [portanto] estou com dor de estômago)

- O modo mais fácil de fazer um pedido é usar a forma afirmativa ou negativa em -te seguida de *kudassai* (por favor)

    *passupooto o misse*te *kudassai* (por favor, mostre seu passaporte)
    okurenaide kudassai (por favor, não chegue atrasado(a))
    OBS.: Existe uma variação de /te/ e /de/ conforme o radical a que se acopla. No exemplo acima, observa-se que a forma -te sofreu alteração fonética para /de/ após o sufixo de negação *nai*.

- Para pedir permissão acrescente *mo ii des ka* (posso) depois da forma em -te

    chachin o totte mo ii des ka? (posso tirar uma foto?)

- Use o verbo *iru* (*imas*) depois da forma em -te para descrever uma ação ou um estado contínuos ou repetidos. Às vezes essa forma equivale ao nosso gerúndio.

    chimbun o ionde imas (estou lendo o jornal)
    mai nitchi dencha de kaicha ni kaiotte imas (eu viajo de trem todos os dias para trabalhar)

GRAMÁTICA

hirochima ni sunde imas (eu moro em Hiroshima)
kuruma o motte imas (eu tenho um carro)

Convites
As formas negativas do verbo são sempre usadas para fazer convites:

iccho ni kimassen ka? (você quer vir comigo?)

Outra forma também usada é a troca da terminação *mas* por *machoo*:

ikimachoo (vamos)

Adicionando-se *ka*, tem-se uma sugestão:

ikimachoo ka? (que tal irmos?)

Querendo fazer algo
O radical do verbo no quadro acima é usado também como base da forma que significa "querer ...", adicionando-se a ele -*tai*. É assim que se faz a forma simples *ikitai* (quero ir), *tabetai* (quero comer). Para tornar essa forma polida, basta acrescentar *des*: *ikitai des*, *tabetai des*.

Tendo de fazer algo
Há diversas variações nas formas gramaticais para expressar essa ideia, mas uma já será suficiente para você. Substitua a terminação -*nai* da negativa do presente simples por *nakereba naranai* (forma simples) ou *nakereba narimassen* (forma polida).

ikanakereba naranai (tenho de ir)
matanakereba narimassen (tenho de esperar)

Partículas
As partículas indicam as relações gramaticais entre diferentes partes da oração. Algumas são similares às preposições (para, em, de etc.) e são inseridas após o substantivo a que se referem; por exemplo, *kiooto kara* (de Quioto). Outras são inseridas no final da oração para indicar uma interrogação, para indicar um contraste ou uma razão, para dar ênfase etc.

Partícula	Função	Exemplos
ga	• Indica o sujeito (quem pratica a ação ou é descrito pelo verbo)	*nihondjin ga san'nin imas* há três japoneses
	• Usada com determinados verbos e *na*-adjetivos (ver abaixo) que funcionam como verbos	*uakaru* (entender), *iru* (precisar), *mieru* (estar visível), *kikoeru* (ser audível), *suki da* (gostar), *kirai da* (não gostar)
	• Usada como complemento de palavras que denotam capacidade	*nihongo ga hanassemas* sei falar japonês
o	• Indica o objeto direto	*kudamono o kaimas* eu compro fruta
	• Usada com determinados verbos intransitivos, indica movimento	*deru* partir/ir/sair, *daigaku o sotsuguioo suru* graduado(a) pela universidade, *tai-in suru* ter alta do hospital, *mitchi o aruku* caminhar por uma trilha
ua	• Indica o tópico da frase ou da oração (de que se trata)	*uatachi ua buradjirudjin des* (quanto a mim), sou brasileiro(a)
	• Geralmente substitui as partículas *ga* ou *o* para fazer do sujeito ou do objeto o tópico da oração	*sachimi ua tabemas* quanto a peixe cru, eu como sim (mas não estou comentando sobre outras coisas que posso ou não comer)
	• Pode seguir as partículas *ni*, *de*, *to* ou *e*	*kiooto ni ua ikimas* estou indo para Quioto (mas não necessariamente para outros lugares)
	• Indica contraste	*toofu ua tabemas ga, sachimi ua dame des* eu como tofu, mas não gosto de comer peixe cru

GRAMÁTICA

to	• Liga dois substantivos, "x e y"	doioobi to nitchi'ioobi sábado e domingo
	• É usada em comparações	... ua ... to onadji da ... é o mesmo que ...; ... ua ... to tchigau ser diferente de ...; ... ua ... to nite iru parecer ...
mo	• Indica adição ou inclusão (também, ainda); substitui as partículas ga, o, ua ou to	djion san mo buradjirudjin des João também é brasileiro keeki mo tabemachta eu comi bolo também (além de outras coisas)
	• Pode seguir as partículas ni, de ou e	hokkaidoo ni mo ikimas irei para Hokkaido também
	• Indica duas coisas: substantivo 1 mo substantivo 2; é mais enfático que to	supaguettchii mo piza mo tchiuumon chita pedi espaguete e pizza (tanto um quanto o outro)
	• Os pronomes interrogativos (que, quem, onde) + mo + negativa expressam a ideia de "nada", "ninguém", "em nenhum lugar" etc.	dare mo imassen não há ninguém lá nani mo arimassen não há nada lá/não tenho nada
ia	• É usada para fazer uma lista de substantivos de modo não exaustivo	sakkaa ia tenissu o chimas eu jogo futebol e tênis (entre outras coisas)

ka	• O *ka* entre dois substantivos indica "ou"	*koohii ka kootchia* café ou chá
	• Os pronomes interrogativos (que, quem, quando) + *ka* expressam a ideia de "algo", "alguém", "em algum lugar" etc.	*dare ka imas ka?* tem alguém aí? *doko ka ikimas ka?* você está indo para algum lugar?
no	• Indica posse	*tanakassan no hon* o livro do sr./da sra. Tanaka
	• Estabelece conexão entre dois substantivos, o primeiro especificando o segundo	*on'na no hito* mulher (literalmente "pessoa do sexo feminino"); *nihondjin no tomodatchi* amigo japonês
	• Substitui o substantivo	*kuroi seetaa* o suéter preto; *kuroi no* o preto
e	• Indica movimento em direção a algum lugar	*kiooto e ikimas* vou (irei) para Quioto
ni	• Indica destino ou objetivo	*kiooto ni ikimas* vou (irei) para Quioto
	• Indica localização	*tookioo ni imas* estou em Tóquio
	• Indica um ponto no tempo	*chitchi dji ni okimas* eu levanto às 7h
	• Sinaliza um objeto indireto	*tomodatchi ni pen o karimachta* eu emprestei uma caneta ao meu amigo

GRAMÁTICA

de	• Indica o lugar onde uma ação acontece	*kiooto de kaimachta* comprei isto em Quioto *utchi de hon o iomimachta* li um livro em casa
	• Indica os meios pelos quais a ação do verbo se realiza	*dencha de ikimachta* fui de trem *pen de kakimachta* escrevi com uma caneta
kara	• Indica um ponto de partida no espaço	*kiooto kara ikimachta* fui de Quioto
	• Indica um ponto de partida no tempo	*san dji kara utchi ni imas* estarei em casa a partir das 3h *kionen kara nihongo o benkioo chite imas* estou estudando japonês desde o ano passado
made	• Indica um ponto final no espaço	*kiuuchuu made ikimas* irei até Kyûshû
	• Indica um ponto final no tempo	*djiuu dji made nemachta* dormi até as 10h

Partículas que aparecem no final das orações ou frases

Partícula	Função	Exemplos
ka	• Muda uma frase assertiva para interrogativa	*achta ikimas ka?* você vai amanhã?
ne	• Solicita confirmação ou concordância	*achta ikimas ne?* você vai amanhã, não é mesmo?
io	• Dá ênfase	*achta ikimas io* eu **vou** amanhã!

To	• Sinaliza algum tipo de citação; é usada com verbos equivalentes a "dizer" e "achar/pensar"; observe que o verbo que a segue deve estar na forma simples	*tanakassan ua achta iku to iimachta* o sr./a sra. Tanaka disse (que) ele/ela vai amanhã; *furui to omoimas* eu acho (que) é velho
Ga	• Indica contraste ("mas")	*tenissu ua chimas ga, sakkaa ua chimassen* eu jogo tênis, mas não futebol
	• Liga orações de um modo não contrastivo (equivale, às vezes, ao "e")	*eega o mi ni ikimas ga, iccho ni ikimassen ka?* vou assistir a um filme; quer vir comigo?
kedo (mais formal-mente, keredomo)	• Indica contraste ("embora", "não obstante")	*takai kedo kaimas* embora seja caro, vou comprá-lo
Kara	• Indica uma razão ou causa ("portanto", "visto que", "desse modo", "porque"); observe que essa partícula aparece sempre no final da frase que expressa a razão	*biooki da kara, ikimassen* visto que estou doente, não vou/não vou porque estou doente *kono hon ua omochiroi kara, ionde kudassai* este livro é interessante, portanto leia-o, por pavor
node	• Indica uma razão ou uma causa ("portanto", "uma vez que", "pois", "porque"); observe que essa partícula aparece sempre no final da frase que expressa a razão. Ela é mais objetiva do que *kara*	*kono hoteru ua takai node, tomarimassen* este hotel é caro, portanto não vou me hospedar aqui/ não vou me hospedar neste hotel, pois é caro

GRAMÁTICA

Adjetivos

Em japonês existem dois tipos de adjetivos: o *i*-adjetivo e o *na*-adjetivo. Os *i*-adjetivos, ou seja, adjetivos que terminam em *i* no presente, mudam essa terminação como um verbo: o *i* final é substituído por outras terminações. O *na*-adjetivo é mais parecido com um substantivo. Ele é seguido de um sufixo que funciona como um verbo de ligação; *na* é uma forma especial de *da*, usada somente antes de substantivos.

Alguns verbos em português são classificados como *na*-adjetivos: *suki* (gostar), *kirai* (desgostar); *djioozu* (ser bom em), *heta* (ser ruim em). O verbo "querer" é um adjetivo terminado em *i* no japonês: *hochii*.

			Afirmativo	Negativo
Forma simples	Presente/ futuro	*i*-adjetivos	*nagai* (comprido)	A terminação *i* muda para *kunai*: *nagakunai*
		na-adjetivos	*chizuka da* (é calmo) *chizuka na tokoro* (um lugar calmo)	A terminação *da* muda para *djia nai*: *chizuka djia nai*
	Passado	*i*-adjetivos	A terminação *i* muda para *katta*: *nagakatta*	A terminação *kunai* muda para *kunakatta*: *nagakunakatta*
		na-adjetivos	*chizuka datta*	*chizuka djia nakatta*
Forma polida	Presente/ futuro	*i*-adjetivos	*nagai des*	*nagakunai des*
		na-adjetivos	*chizuka des*	*chizuka djia arimassen*
	Passado	*i*-adjetivos	*nagakatta des*	*nagakunakatta des*
		na-adjetivos	*chizuka dechta*	*chizuka djia arimassen dechta*

Advérbios

Os advérbios são derivados dos adjetivos, a partir de mudanças destes.

i-adjetivos	A terminação *i* muda para *ku*	*nagaku tomarimas* ficar por muito tempo *haiaku kaerimas* vou para casa cedo
na-adjetivos	A terminação *na* muda para *ni*	*kiree ni kaite kudassai* por favor, escreva nitidamente *djion san ua hachi o djioozu ni tsukaimas* João usa os *hashis* de forma hábil

Pronomes interrogativos

quem	*dare* ou *donata* (*polido*)
que	*nan/nani*
quando	*itsu*
onde	*doko*
como	*doo*
qual	*dore*
em que direção/qual (*dos dois*)/onde (*polido*)	*dotchira*
que tipo de	*don'na*

FERIADOS E FESTAS

Feriados nacionais

No Japão, a maioria dos feriados nacionais (祝日 *chukudjitsu*) acontece na *Golden Week* (a Semana de Ouro, que abrange o período que vai do final de abril até o começo de maio). Se você estiver planejando viajar nesse período, esteja ciente de que todos os lugares estarão incrivelmente cheios, e de que precisará reservar a hospedagem com meses de antecedência. Esteja ainda preparado para aumentos exorbitantes de preços.

1º de janeiro	元日 *gandjitsu* Ano-Novo
2ª segunda-feira de janeiro	成人の日 *seedjin no hi* Dia da Maioridade
11 de fevereiro	建国記念の日 *kenkoku kinen no hi* Dia da Fundação do Japão (aniversário da fundação do Japão pelo imperador Jimmu)
20 ou 21 de março	春分の日 *chumbun no hi* Equinócio de Primavera
29 de abril	昭和の日 *chooua no hi* Dia de Shoowa (comemoração do imperador Hirohito; conhecida como *midori no hi* Dia do Verde/Dia da Natureza antes de 2007)
3 de maio	憲法記念日 *kempoo kinen bi* Dia da Constituição (comemoração da Constituição de 1947)
4 de maio	みどりの日 *midori no hi* Dia do Verde/Dia da Natureza (alterado para Dia dos Cidadãos a partir de 2007)
5 de maio	こどもの日 *kodomo no hi* Dia das Crianças
3ª segunda-feira de julho	海の日 *umi no hi* Dia do Mar
3ª segunda-feira de setembro	敬老の日 *keeroo no hi* Dia do Respeito ao Idoso
23 de setembro	秋分の日 *chuubun no hi* Equinócio de Outono (até 2011)

2ª segunda-feira de outubro　　　体育の日 *tai-iku no hi*
　　　　　　　　　　　　　　　　Dia da Saúde e dos Esportes
3 de novembro　　　　　　　　　文化の日 *bunka no hi* Dia da Cultura
23 de novembro　　　　　　　　勤労感謝の日 *kinroo kancha no hi*
　　　　　　　　　　　　　　　　Dia do Trabalho
23 de dezembro　　　　　　　　天皇誕生日 *ten'noo tandjioobi*
　　　　　　　　　　　　　　　　Aniversário do imperador

Festas

Aqui estão apenas algumas das várias festas japonesas:

Celebrações de Ano-Novo (お正月 *choogatsu*): são três dias de comemoração, de 1º a 3 de janeiro. É feriado em todo o país nesses dias.

Celebração de Maioridade (成人式 *seedjin chiki*): festa para os que atingem 20 anos de idade. As jovens vestem seus melhores quimonos e os rapazes, hakama (peça tradicional do vestuário masculino que se assemelha a uma calça, pregueada, com fendas nos lados e presa com um cinto amarrado na cintura) ou ternos elegantes. Em sua homenagem, prepara-se um prato típico, à base de arroz e feijão-azuqui.

Chegada da Primavera (節分 *setsubun*): realizada em 3 ou 4 de fevereiro, essa festa comemora o início da primavera pelo antigo calendário lunar. As cerimônias de *setsubun* são realizadas para afastar demônios e espíritos malignos: grãos de soja são jogados em todos os cantos da casa e as pessoas gritam *oni ua soto! fuku ua utchi!* (Fora demônios! Que venha a sorte!).

Festival das Bonecas/Dia das Meninas (ひな祭り *hina matsuri*): 3 de março. As famílias montam um suporte de sete níveis e o cobrem com um pano vermelho, sobre o qual colocam bonecas de porcelana, pano ou papel, representando a família imperial. No topo do arranjo ficam o imperador e a imperatriz. Seus servos são colocados nos degraus abaixo. É hábito distribuir doces às crianças.

Dia das Crianças (こどもの日 *kodomo no hi*): comemorado em 5 de maio, esse dia era tradicionalmente uma festa para meninos. Miniaturas de chapéus de samurai são dispostas sobre almofadas de seda e imensas flâmulas coloridas em formato de carpa (*koinobori*) são amarradas em postes. Os peixes são de tamanhos diferentes para representar os membros da família.

Festival das Estrelas (七夕 *tanabata*): celebrado em 7 de julho e 7 de agosto em diferentes lugares. Uma vez por ano os caminhos das estrelas Vega e Altair, que simbolizam um casal mítico, se cruzam ao passar pela Via

Láctea. As pessoas comemoram a data decorando as ruas com guirlandas e, em algumas cidades, há desfiles de carros alegóricos decorados com flâmulas e representações de estrelas cadentes.

Festival Budista da Morte (お盆 obon): de 13 a 15 de julho. Os budistas japoneses acreditam que a alma de seus ancestrais volta uma vez por ano para visitá-los. Assim, eles se preparam para dar-lhes as boas-vindas. Por ocasião desse festival, as pessoas geralmente retornam à casa onde cresceram.

Festival dos 7-5-3 (七五三 chitchi-go-san): por volta do dia 15 de novembro, crianças com 3, 5 e 7 anos são vestidas com quimonos e trajes tradicionais japoneses e levadas aos santuários xintoístas para rezar por uma vida saudável, longa e próspera.

Se puder, não deixe de ver a **florada das cerejeiras** (桜 sakura), em abril, e a **queda das folhas** (紅葉 kooioo), no outono. Tanto a época da florada das cerejeiras (花見 hana mi) quanto a da queda de folhas no outono (紅葉狩り momidjigari) representam uma oportunidade para fazer piqueniques e caminhadas.

ENDEREÇOS ÚTEIS

O *website* da **Japan National Tourist Organization [Organização Nacional de Turismo Japonês]** é: http://www.jnto.go.jp/.

NO BRASIL

Embaixada do Japão
End.: Av. das Nações, Quadra 811, lote 39 – Setor de Embaixadas Sul – Brasília/DF (70425-900)
Tel.: (0xx61) 3442- 4200 (Geral)
Fax: (0xx61) 3442-2499 (Setor Consular)
Fax: (0xx61) 3442-9051 (Setor de Cultura, Imprensa e Divulgação)
Website: http://www.br.emb-japan.go.jp/
E-mails:
Setor de Cultura, Imprensa e Divulgação: **comunicacaojapao@bs.mofa.go.jp**
Setor Consular: **consular.japao@bs.mofa.go.jp**

Consulado-geral do Japão em São Paulo
End.: Av. Paulista, 854, 3º andar – São Paulo/SP (01310-913)
Tel.: (0xx11) 3254-0100
Fax: (0xx11) 3254-0110
Website: http://www.sp.br.emb-japan.go.jp/pt/index.htm

Consulado-geral do Japão no Rio de Janeiro
End.: Praia do Flamengo, 200, 10º andar – Rio de Janeiro/RJ (22210-901)
Tel.: (0xx21) 3461-9595
Fax: (0xx21) 3235-2241
Website: http://www.rio.br.emb-japan.go.jp/

Consulado-geral do Japão em Curitiba
End.: Rua Marechal Deodoro, 630, 18º andar – Curitiba/PR (80010-912) (Caixa Postal 2028)
Tel.: (0xx41) 3322-4919
Fax: (0xx41) 3222-0499
Website: http://www.curitiba.br.emb-japan.go.jp/

Consulado-geral do Japão em Belém
End.: Av. Magalhães Barata, 651, Edf. Belém Office Center, 7º andar –
Belém/PA (66063-281)
Tel.: (0xx91) 3249-3344
Fax: (0xx91) 3249-1016
Website: http://www.belem.br.emb-japan.go.jp/pt/

Consulado-geral do Japão em Manaus
End.: Rua Fortaleza, 416 – Bairro Adrianópolis – Manaus/AM (69057-080)
Tel.: (0xx92) 3232-2000
Fax: (0xx92) 3232-6073
Website: http://www.manaus.br.emb-japan.go.jp/indexpt.html

Escritório Consular do Japão no Recife
End.: Rua Padre Carapuceiro, 733, 14º andar, Edf. Empresarial Center I,
Boa Viagem – Recife/PE (51020-280)
(Caixa Postal 502)
Tel.: (0xx81) 3207-0190
Fax: (0xx81) 3465-9140
Website: http://www.mofa.go.jp/mofaj/link/zaigai/country/recife.html

Escritório Consular do Japão em Porto Alegre
End.: Av. João Obino, 467 – Petrópolis – Porto Alegre/RS (90470-150)
Tel.: (0xx51) 3334-1299, 3334-1135
Fax: (0xx51) 3334-1742
Website: http://www.mofa.go.jp/mofaj/link/zaigai/country/portoalegre.html

No Japão

Embaixada do Brasil em Tóquio
End.: 2-11-12 Kita Aoiama, Minato-ku, Tóquio
Tel.: 03-3404-5211
Fax: 03-3405-5846
Website: http://www.brasemb.or.jp/portugues/index.html
E-mail: brasemb@brasemb.or.jp

Consulado-geral do Brasil em Tóquio
End.: 141-0022 Tokyo-to Shinagawa-ku – Higashi Gotanda 1-13-12 – Coi
Gotanda Blgd. 2F
Tel.: 03-5488-5451

Fax: 03-5488-5458
Website: http://www.consbrasil.org/consulado/

Consulado-geral do Brasil em Hamamatsu
End.: 430-0946 Shizuoka-Ken Hamamatsu-Shi – Naka-ku Motoshiro-cho 115-10
Motoshiro-cho Kyodo Building 1F
Tel.: 053-450-8191
Fax: 053-450-8112
Website: http://www.consbrashamamatsu.jp/

Consulado-geral do Brasil em Nagoia
End.: 460-0002 Aichi-ken Nagoia-shi Naka-ku Marunouchi 1-10-29
Shirakawa Daihachi Bldg 2F
Tel.: 052-222-1077
Fax: 052-222-1079
Website: http://www.consuladonagoia.org/cgnagoia/